"行业+领先企业"产教融合新形态系列教材

跨境 电子商务营销实务——国际站

姚岗 主编

王夏 黄兴国 白秀艳 副主编

北京博导前程信息技术股份有限公司
全国跨境电子商务综合试验区职业教育集团 组织编写

电子工业出版社

Publishing House of Electronics Industry

北京·BEIJING

U0498543

内 容 简 介

本书系统讲解了跨境电子商务网络营销的基础知识和实操内容，充分遵循典型工作任务引导下相关知识和技能学习规律，提升跨境电子商务从业人员知识水平和操作技能。其内容包含全球主要国家电子商务市场概况、搜索引擎优化、搜索引擎营销、社交媒体营销、邮件营销、阿里巴巴国际站直通车推广、产品推广与活动营销，共 7 个部分。

本书结构严谨、内容丰富、通俗易懂、操作性强，是专门针对高职、高专院校的电子商务、国际贸易、国际商务、市场营销等财经类专业开发的工学结合教材，还可以作为跨境电子商务企业营销与贸易类岗位员工的培训教材，以及跨境电子商务创业者的自学用书。

图书在版编目（CIP）数据

跨境电子商务营销实务：国际站 / 姚岗主编 . —北京：电子工业出版社，2022.6

ISBN 978-7-121-43150-0

Ⅰ . ① 跨⋯ Ⅱ . ① 姚⋯ Ⅲ . ① 电子商务 – 网络营销 – 高等职业教育 – 教材
Ⅳ . ① F713.365.2

中国版本图书馆 CIP 数据核字（2022）第 045515 号

责任编辑：张云怡　　　　特约编辑：田学清
印　　刷：三河市鑫金马印装有限公司
装　　订：三河市鑫金马印装有限公司
出版发行：电子工业出版社
　　　　　北京市海淀区万寿路 173 信箱　　　邮编：100036
开　　本：787×1092　 1/16　 印张：17　 字数：333 千字
版　　次：2022 年 6 月第 1 版
印　　次：2022 年 6 月第 1 次印刷
定　　价：59.00 元

凡所购买电子工业出版社图书有缺损问题，请向购买书店调换。若书店售缺，请与本社发行部联系，联系及邮购电话：(010) 88254888，88258888。

质量投诉请发邮件至 zlts@phei.com.cn，盗版侵权举报请发邮件至 dbqq@phei.com.cn。

本书咨询联系方式：(010) 88254573，zyy@phei.com.cn。

编写委员会

吴会杰	西安职业技术学院	经济管理学院院长
夏名首	安徽商贸职业技术学院	经济贸易系主任
夏　莹	无锡城市职业技术学院	贸易金融学院副院长
薛永三	黑龙江农业经济职业学院	信息工程学院院长
杨宏祥	杨凌职业技术学院	经济与贸易分院副院长
姚宏伟	黎明职业大学	商学院院长
周任慧	兰州石化职业技术学院	国际商务学院院长

专家委员会

（按姓氏拼音排序）

主　任：

肖　锋　阿里巴巴外贸综合服务事业部副总裁

副主任：

刘国峰	阿里巴巴集团淘宝大学培训学院副院长
孙志超	北京众智弘诚教育科技有限公司总经理
王春燕	北京教育科学研究院研究员
肖　亮	浙江工商大学现代商贸研究中心主任
游忠明	网易考拉研究院院长

委　员：

方玲玉	长沙民政职业技术学院	商学院院长
费　凡	大连凡越电子商务有限公司	总经理
冯　军	山西君正商务信息咨询有限公司	总经理
高庆怡	杭州央辰雨禾茶业有限公司	总经理
季小红	杭州德力西集团有限公司	国际贸易部经理
李琳娜	海南职业技术学院	校长助理
马茜茜	广州新思路教育科技有限公司	副总经理
孙一玖	北京网聚美裳电子商务有限公司	总经理
王　磊	安徽轩昂教育科技集团	董事长
王　伟	北京聚力创联电子商务有限公司	总经理
王永宝	温州立本集团国际贸易有限公司	总经理
吴洪贵	江苏经贸职业技术学院	贸易与物流学院院长
席　波	武汉职业技术学院	电子商务研究院院长
徐　青	宜兴慕森智能家居有限公司	CEO
尹志翔	杭州益泰翔贸易有限公司	总经理
张根标	杭州信天游实业有限公司	总经理
钟昌标	云南财经大学	商学院院长

审定委员会

（按姓氏拼音排序）

主　任：

陈　进　教育部普通高等学校电子商务类专业教学指导委员会副主任

　　　　对外经济贸易大学现代服务业研究中心主任

副主任：

高新民　中国互联网协会副理事长

侯　光　全国电子商务职业教育教学指导委员会副主任

　　　　北京市商业学校校长

陆春阳　全国电子商务职业教育教学指导委员会副主任

徐国庆　华东师范大学职业教育研究所所长

郑亚莉　全国电子商务职业教育教学指导委员会跨境电子商务专业委员会主任

　　　　浙江金融职业学院院长

祝　斌　中国国际商会贸易投资促进部

委　员：

姜　旗	兰州现代职业学院	副院长兼财经商贸学院院长
孔繁正	广东农工商职业技术学院	商学院院长
李良树	武汉城市职业学院	财经学院院长
李林海	南宁职业技术学院	商学院院长
李选芒	陕西工业职业技术学院	物流管理学院院长
刘喜敏	吉林交通职业技术学院	管理工程学院院长
莫海燕	广西金融职业技术学院	院长
钱琳伊	无锡商业职业技术学院	商学院副院长
唐克胜	深圳职业技术学院	商务外语学院院长
张宏博	广州番禺职业技术学院	外语外贸学院院长
张明明	哈尔滨职业技术学院	现代服务学院院长
赵军镜	西安欧亚学院	校长助理兼教育创新研究院执行院长
支卫兵	江西工业职业技术学院	副校长
钟　林	成都职业技术学院	工商管理与房地产学院院长

序　言（一）

在经济全球化发展背景下，跨境电子商务正通过理念全球化、技术数字化、主体普惠化、供应链柔性化、品牌全球化等方式对我国贸易进行全面的升级改造。我们高兴地看到，我国对外贸易正从"贸易多元化"向"全球买、全球卖、全球付、全球运"转变；技术手段由部分环节采用信息技术向数字化电子商务平台使用、全链条数字技术使用转变；贸易主体由传统贸易企业向中小企业、个人转变；贸易方式由传统线下贸易向跨境电子商务转变；交易特点从"大进大出、低频次"向"小批量、高频次"转变；贸易供应链由非个性化、大批量向个性化、碎片化，满足消费需求的柔性供应链转变；企业贸易优势由原来的拼价格、拼产品向企业开始注重通过构建自身"品牌力"开展全球零售转变。

跨境电子商务正在形成一条"网上丝绸之路"。近年来，跨境电子商务交易规模保持年均20%以上的高速增长，远超传统贸易规模增速。2018年，通过海关跨境电子商务管理平台零售进出口的商品总额为1347亿元，相较于2017年增长了50%；有进出口实绩的企业由2017年的43.6万家提升到47万家。

同时，我们也应该清醒地看到，跨境电子商务的高速发展也造成了行业人才缺口巨大。据不完全统计，2017年我国跨境电子商务领域的人才缺口约为450万。《中国电子商务人才状况调查报告》中显示，企业在开展跨境电子商务业务过程中遇到的最大问题就是人才方面的问题。目前，跨境电子商务领域新技术、新思维、新商业模式、新职业能力不断产生，跨境电子商务人才属于新兴的复合技术技能型人才，除需要具有网络营销策划与推广、编辑与美工、电商数据分析、客户服务管理、网店（站）运营等传统电商的技术技能外，还要知晓国际贸易流程、国际商务交往规则，而传统的外贸及外语类人才很难匹配跨境电子商务行业发展的需求。

教育领域对跨境电子商务新业态发展需要通过专业设置来加快人才培育。特别是在职业教育中，应该依托电子商务专业大类，新增"跨境电子商务"专业来解决。同时，积极引导院校开展跨境电子商务专业，布局专业人才培养，以解决跨境电子商务人才短缺的问题。

因此，基于电子商务业务形成的能力体系构建方法、经验和渠道，有助于跨境电子商务职业能力体系构建。同样，一些公司和学校在电子商务教学过程中形成的人才培养理念、路径、模式、方法等，也有助于跨境电子商务专业人才培养体系的构建。最大化地共享、利用教学资源与设施，培养跨境电子商务专业教师团队，可以快速提升职业院校跨境电子商务人才供给，是我国贸易全面升级改造，制造业和服务业转型升级、模式改造的重要源泉和捷径。

此套教材构成了跨境电子商务专业核心课程的体系，相信在这样的课程体系下，能帮助更多的院校建设跨境电子商务专业，培养出更多的跨境电子商务专业人才！

序　言（二）

——在第一期全国跨境电子商务专业负责人
培训班开班式上的致辞

现场和网上收看直播的各位老师，大家上午好！

今天我们举办全国跨境电子商务专业负责人培训班，是我们共同学习、贯彻《国家职业教育改革实施方案》，推动跨境电子商务人才培养、产教融合的一项具体举措。专业负责人对专业和产业的认识与把握直接关系到专业未来的发展。这次培训计划名额是 80 人，但实际来了 100 多人。还有很多学校希望能来，为了保证培训质量，我们一一沟通安排他们参加第二期培训，希望大家能够理解。借此机会，我想谈三点思考供大家参考。

一、提高对跨境电子商务发展的认识

跨境电子商务不是简单的传统国际贸易互联网化，而是最具新经济特征的跨境贸易新生态。跨境电子商务的全球化、数据化以及多业态融合、多场景覆盖、多流量共享的特征正是新经济形态和新商业生态的显著特征。跨境电子商务的发展，正在深刻地影响着全产业发展模式、全球贸易格局和贸易的全球治理。

从 18 世纪 60 年代开始，伴随着国际分工体系的逐步形成，商品交换迅速发展，形成了国际贸易的发展雏形。随着贸易规模的扩大、结构的优化和区域经济一体化的快速发展，国际贸易领域出现了一般贸易、加工贸易、服务贸易和技术贸易等方式。跨境电子商务区别于上述传统国际贸易方式的本质在于消费端导向，也因此在贸易主体、贸易商品、贸易形态、贸易链条、监管原则、交易模式、征信模式、准入模式和风险承担主体上产生了明显的差异，形成了全新的生态。因此，不能把跨境电子商务简单地理解成传统国际贸易的互联网化。

跨境电子商务的产生，替代了一部分一般贸易份额，也在商品品类、贸易主体和贸易渠道上对传统贸易形成了补充。跨境电子商务不但不会对传统国际贸易造成冲击，反而会为一般贸易打开更大的市场，探索更多的机会，培育新兴市场主体。

　　更为重要的是，由于跨境电子商务的发展，加速了贸易便利化进程，由此产生的红利同样使得一般贸易受益。跨境电子商务还打破了传统国际贸易的单一渠道，逐步将灰色渠道引导到阳光合法的道路上，优化了国际贸易的市场环境。

　　二、跨境电子商务人才培养的思考

　　首先要理清产业、学科、专业与政府监管的关系。产业创新形成的知识积累沉淀到学科上，学科的纵向发展与横向融合又催生产业创新。产业的业态形成了岗位群，岗位群的知识和技能需求反映到专业上，专业在学科上的溯源与积累有利于技术技能积累与创新。

　　跨境电子商务是在全球化贸易背景下，由电子商务应用广度和深度的拓展而来的。因此，电子商务专业以专业方向的方式率先开展了人才培养的探索。随着跨境电子商务的深入发展，还涉及交易、支付、物流、通关、退税、结汇等诸多领域的人才培养创新，人才需求结构也越发明晰。原有由电子商务专业衍生的跨境电子商务专业已不能完全适应跨境电子商务的内涵与发展。

　　对跨境电商人才的思考，不能只局限在电商平台的交易环节，要从整个跨境贸易的链条来思考跨境电商人才结构。综合分析产业业态、岗位群和典型职业活动，原有电子商务专业的跨境电子商务方向已具备独立设置成跨境电子商务专业的条件和基础。同时，跨境电子商务的发展急需国际贸易类专业新增跨境贸易商务谈判、跨境贸易市场采购等专业或培养方向；急需报关类专业新增跨境贸易关务等专业或培养方向；急需物流类专业新增跨境贸易供应链管理、跨境贸易物流等专业或培养方向。这样才能逐步形成一个较为完善和能支撑产业发展的跨境电商人才培养体系。因此，跨境电商人才培养需要国际贸易、报关、物流、电子商务等专业共同行动。

　　在跨境电子商务交易中，贸易流程将由平台引导完成，交易贸易规则的变化也会在第一时间由平台予以呈现，降低了国际贸易的门槛。这就使得贸易主体从烦琐的国际贸易流程与规则中解脱出来，这也是跨境电子商务能够培育出众多中小企业国际贸易主体的原因所在。与此同时，随着"两平台六体系"的建设成熟，贸易主体还将从烦琐的关务流程中解脱出来，极大地节约了成本，提高了效率。因此，跨境电子商务从业者和传统国际贸易从业者在知识与技能结构上存在着本质的差别。我们组织编写的《跨境电子商务人才培养指南》中有比较完整的反映。

三、全国电商行指委下一步工作考虑

（一）打造专业、创新和智库三个发展平台

专业发展平台就是全国跨境电子商务综合试验区职业教育集团，重点支撑专业布点、专业建设、师资队伍培养，参与教学资源建设。创新平台是苏州经贸职业技术学院建设的跨境电子商务应用研究与人才培养协同创新中心，这个平台重点支撑产教融合，技术技能积累与创新，科学研究和教学研究，参与教学资源建设。智库平台就是数字经济与跨境电商综试区发展大会，重点支撑政产学研合作、政校合作、校企合作和前面两个平台的成果展示，以此平台带动学校深度参与地方经济发展。

（二）遴选一批全国跨境电子商务教学改革实验校

计划遴选"10+1"所全国跨境电子商务教学改革实验校，这个名称是暂定的，最终叫什么，大家觉得怎么好就怎么来，但是也不能随便叫，要本着朴素有内涵的原则。为什么是"10+1"所，这个"1"就是杭职院，杭职院不用申请，也不占10所的名额。杭职院在职教集团建设中做出了突出贡献。这"10+1"所学校，我们组织力量共同优化人才培养方案，开展联合教研，立项重点教改项目，共建实训基地，集中宣传教学改革成果，并为这些学校的专业负责人和骨干教师搭建各种发展平台，将他们培养成跨境电子商务领域的代表人物。

（三）继续推动共建"行业＋领先企业"产教融合生态

通过"行业＋领先企业"产教融合生态建设，整合领先企业资源，撬动政府资源。我们将重点支持全国跨境电子商务综合试验区职业教育集团成员学校与所在地综合试验区建立深度合作，帮助学校更多地获得当地政府的支持与资源。

各位老师！在推动农村电子商务人才培养过程中，全国电商行指委和供销行指委开展了良好和务实的深度合作。在推动跨境电子商务人才培养的新征程上，我们愿意积极和主动地与国际贸易、报关、物流等领域的行指委开展交流与合作，在教育部统筹下，共同为建立和完善跨境电子商务人才培养体系做出贡献！

谢谢大家！

全国电子商务职业教育教学指导委员会副主任

序 言（三）

记得 20 世纪 90 年代初，在深圳安装一部固定电话的官方价格是 6 000 元人民币，还要排队，黑市价要 10 000 元人民币！背后的原因是进口的模拟程控交换机价格昂贵，即使售高价也无法满足市场需求。然而，这种状况不久就被改变了，一群完全不懂模拟交换技术的中国年轻人率先利用计算机技术发明了数字程控交换机——HJD04，以"巨大中华"[①]等为代表的中国通信企业打破了我国局用程控交换机被进口设备垄断的局面，并最终成为全球数字通信市场的主导者。

当一项重大工业革命性技术发明时，嵌入市场需求场景，就可能引起同行业及商业形态发生颠覆式变革。或者说，将是社会及商业创新发展的重要窗口期和机遇。

以上数字通信产品的诞生过程，就是离我们最近的案例之一。

蒸汽机、电力、计算机及互联网被公认为是近代四大重要工业革命性技术发明。我们正处于以互联网、大数据、人工智能为代表的第四代工业革命的窗口期，未来还会有哪些重大商业变革的机遇呢？

今天，互联网/IT 技术（含移动网络）在商业服务领域中的应用——电子商务的迅猛发展，已明显改变了传统商业零售业和生活服务业的形态，跨境电商（零售）逐渐成为新热点。

然而，直至今天，互联网在传统国际贸易中的应用（跨境贸易或数字贸易），并未发生重大实质性改变。这已成为全球贸易发展的短板，也是创新变革的机遇！

众所周知，自 1978 年中国改革开放以来，中国制造业产值已超过美、日、德三国的总和，成为名副其实的"世界工厂"，并且成为全球外贸出口第一，进口第二，同时也是外贸企业特别是中小企业最多的国家，这种独特的外贸市场环境（场景）结合互联网技术的发展，导致我国在近 20 年中涌现出了大批与传统国际贸易模式截然不同的外贸服务新业态。

跨境电商营销平台（在线交易撮合类）、跨境电商交付平台（外贸综合服务企业[②]）及基于交易大数据的履约保障体系等数字贸易服务平台正在改变传统国际贸易

---

① "巨大中华"指 20 世纪 90 年代中国通信行业的四大代表性企业：巨龙、大唐、中兴、华为。

② "外贸综合服务企业"指以阿里巴巴一达通为代表的，基于互联网的中小企业进出口业务流程外包服务平台。

的交易方式、服务规则、信用体系，同时也推动贸易监管制度的改革，其目标是降低跨境交易门槛，促进中小企业及欠发达地区的发展，改变全球价值链，符合全球普惠贸易发展的大趋势。

"'行业＋领先企业'产教融合新形态系列教材"正是在这个大背景下推出的，教材系统地总结、整理了国内外知名跨境电子商务平台的运营经验、理论依据、规则标准等内容，适合各类电商专业院校、数字贸易学院作为教学材料。

数字贸易是数字经济时代的重要组成部分，大数据的应用将类比传统经济中的水、电、煤，成为经济发展的基本要素，而培育适应数字经济时代发展的人才，已成为把握未来的关键，相信我国在数字经济时代的教育实践与探索，能够成为全球数字贸易人才培育的标杆。

2019 年 6 月 深圳

前 言

　　随着跨境电子商务行业的不断发展，企业对跨境电子商务人才的要求也不断提高。跨境电子商务属于交叉学科，既有国际贸易的特点，又有电子商务的特点。因此，跨境电子商务人才除应具备扎实的国际贸易理论与实务功底外，还应具备丰富的跨境电子商务营销理论知识和高超的操作技能。

　　跨境电子商务行业的商家通过适用的网络营销手段，来提升企业品牌及产品的行业影响力是非常有必要的。从根本上来说，不论是大家所熟悉的优惠券、节日促销，抑或是网红带货、互联网曝光等各种手段，都是网络营销的一部分内容；而跨境电子商务企业想要扩大盈利规模，多元化、多方面的网络营销尝试是十分关键的，尤其是在这个流量为王的时代里。

　　本书从不同角度分析了完成跨境电子商务营销任务应具备的理论知识，强调实践操作技能训练。本书的知识体系符合移动互联网时代及全球化电子商务运营的现实场景，能为跨境电子商务从业人员提供更为系统化的基础知识；符合学生的认知规律，将知识目标和能力目标充分结合，深入跨境电子商务营销各领域的知识学习和技能培养。

　　本书是面向跨境电子商务方向人才培养的，并以工作任务为导向的课程教材。本书由姚岗担任主编，王夏、黄兴国、白秀艳担任副主编。在编写过程中，编者得到了企业及相关工作人员的大力支持，并参考了一些跨境电子商务网站的资料和书籍，在此一并表示感谢！

　　由于电子商务行业发展日新月异，且编者水平有限，书中难免有不足之处，敬请广大读者批评指正。

编　者

2022 年 1 月

目 录

项目一　全球主要国家和地区的电子商务市场概况　　**001**

任务一　美国电子商务市场　　004

任务二　欧洲电子商务市场　　008

任务三　新兴电子商务市场（俄、巴）　　014

任务四　其他　　021

项目小结　　026

项目二　搜索引擎优化　　**027**

任务一　关于搜索引擎优化　　028

任务二　关键词　　035

任务三　内容策略　　046

项目小结　　053

项目三　搜索引擎营销　　**054**

任务一　什么是搜索引擎营销　　056

任务二　Google Ads 在线营销　　059

任务三　搜索广告的创建要求及类型　　064

任务四　谷歌在线广告投放操作　　082

项目小结　　092

项目四　社交媒体营销　　**093**

任务一　关于社交媒体营销　　095

任务二　社交媒体营销内容和互动　　100

任务三　Facebook 广告投放　　101

项目小结　　119

项目五　邮件营销　　**120**

任务一　开发信　　122

任务二　关于邮件营销　　133

项目小结　　161

项目六　阿里巴巴国际站直通车推广　　　　**162**

任务一　认识直通车　　　　163

任务二　直通车方案设计与推广　　　　171

任务三　数据与账户　　　　179

任务四　智能推广　　　　183

任务五　数据报告　　　　192

项目小结　　　　193

项目七　产品推广与活动营销　　　　**194**

任务一　顶级展位　　　　196

任务二　橱窗设置　　　　204

任务三　店铺自主营销　　　　208

任务四　国际站市场活动　　　　229

项目小结　　　　239

参考文献　　　　**240**

索引　　　　**241**

项 目

一

全球主要国家和地区的电子商务市场概况

自 21 世纪以来，随着计算机技术、信息技术、网络技术的快速革新，全世界范围内掀起了一股网络购物热潮，为全球跨境电子商务的发展奠定了坚实基础。跨境电子商务市场发展势头良好，亚马逊、eBay 等跨境电子商务企业在全球多个市场风生水起。

目前国际跨境电子商务第三方大平台有亚马逊、阿里巴巴、eBay、全球速卖通、Wish、Lazada、新蛋、敦煌、Linin、Jumia，以及独立网站兰亭集势、DX、大龙网等。目前电子商务市场竞争激烈，部分竞争力较弱的平台被迅速淘汰。

欧洲、美国及中国等国家或地区都在跨境电子商务上取得了显著的市场成效，并处于一个上升阶段。2020 年新型冠状病毒肺炎疫情（简称新冠肺炎疫情）席卷全球，消费者大规模转向线上消费，刺激了全球电子商务零售行业的快速发展。Google & Deloitte 发布的《2021 中国跨境电商发展报告》显示，2019—2020 年，欧美及亚太地区主要国家的电子商务整体零售额经历了 15% 以上的高速增长，如图 1-1 所示。

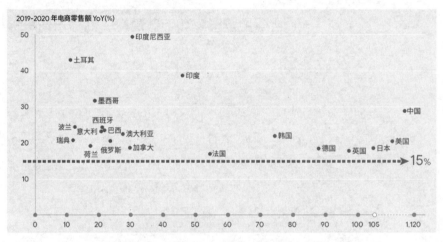

图 1-1　全球主要国家电子商务零售额增长（2019—2020 年）

纵观全球市场，以美国、英国、德国、西班牙及法国为代表的成熟市场，经历数十年的发展，已经形成了良好的电子商务生态，电子商务用户渗透率、电子商务用户数增长率及人均国民生产总值（GDP）都处于全球领先水平（见图 1-2），是中国电子商务企业出海的理想目的地。

		美国	英国	德国	西班牙	法国
💲	2019 年 人均 GDP (美元/人/年)	65 300	42 300	46 400	29 600	40,500
👤	2020 年 用户渗透率 (%)	77%	84%	74%	60%	71%
👥	2019—2020 年 电子商务用户数增长率 (%)	4%	4%	4%	3%	4%

图 1-2　全球主要地区零售电子商务市场总览

🛒 学习目标

知识目标

1. 了解美国电子商务市场及买家需求；

2. 了解欧洲电子商务市场及买家需求；

3. 了解新兴电子商务市场及买家需求概况；

4. 了解东南亚电子商务市场、中东电子商务市场及买家需求概况。

能力目标

1. 能够利用网络搜集相关资料，分析跨境电子商务的市场行情；

2. 能够搜集目标国家相关资料，分析买家需求。

🔍 项目概述

　　近年来，在全球经济保持平稳增长和互联网宽带技术迅速普及的背景下，世界主要国家和地区的电子商务市场保持了高速增长态势。新冠肺炎疫情的爆发给全球经济带来了极大的影响，特别是对跨境电子商务行业来说，更是迎来了一场"大考"。全球主要国家和地区的电子商务发展现状如何？本项目将带领大家一起了解全球主要国家和地区的电子商务市场及买家需求概况。

🛠 任务分解

　　本项目分4个任务介绍全球主要国家和地区的电子商务市场概况，包括美国电子商务市场、欧洲电子商务市场、新兴电子商务市场（俄、巴）、东南亚电子商务市场和中东电子商务市场，详细介绍以上国家和地区的电子商务发展情况及买家需求。

任务一 美国电子商务市场

一、美国电子商务市场概况

目前，美国占据了全球 16.6% 的电子商务市场份额，是全球电子商务第二大市场。电子商务发展迅速的中国则是对美第一大跨境电子商务贸易国。2018 年美国挑起对华贸易摩擦，持续提高中国电子商务企业和电子商务产品的准入门槛，不断扩大对中国产品的征税范围和力度，打压中国电子商务企业、电子商务产品在美国电子商务市场的竞争力。在美国单边贸易保护主义不稳定、不确定的政治经济环境下，以及中国跨境电子商务单边贸易保护主义不稳定、不确定的政治经济环境下，中国跨境电子商务企业应扩大视野、改变贸易方向、转移市场中心、调整品牌分类结构，依托"一带一路"等政策培育新型跨境电子商务市场，缓冲关税壁垒，走具有战略意义的科学跨境电子商务市场创新之路。

中国产品常年居于美国进口总额首位，美国《福布斯》杂志网站报道，2020 年中国产品占美国进口产品总量的 19%，占比居首。尤其是在抗疫物资进口方面，中国产品所扮演的角色的重要性远超过其他国家。中国是对美第一大跨境电子商务贸易国，但自贸易摩擦产生以来，美国对华产品的加税范围越来越广，力度越来越大，不断增加中国跨境电子商务企业的赋税成本；此外，中国跨境电子商务产品还面临缺乏自主品牌和低附加值等问题，许多产品涉及产品商标、专利、著作权等方面的侵权问题，主要靠低价优势占领美国电子商务市场，而中国产品的知识产权多次遭到美国"特别 301 条款"调查，这无疑是对中国跨境企业的双重打击。同时，自 2018 年以来，作为中国出口跨境电子商务企业赴美"第一站"的亚马逊开始对知识产权、刷单等加大处罚和调查力度，众多中国跨境电子商务商家被警告甚至封店。

虽然美国电子商务市场容量很大，但是在中美贸易摩擦的大背景下，贸易保护主义、知识产权保护和市场不确定性等任何因素都会重创严重依赖低价的中国电子商务企业。

对于美国电子商务企业来说，如何应对移动设备的增长是重要的问题。虽然电子商务诞生于美国，但大多数的市场，尤其是亚洲市场的移动电子商务的普及速度更快。美国商家还有很多需要弥补的地方，但消费者的需求还是存在的，Jungle Scout 的报告指出，2021 年亚马逊全球电子商务规模将超过 4680 亿美元，沃尔玛全球电子商务规模将达到 750 亿美元。但沃尔玛在线业务的增长速度比亚马逊快 5 倍多，如果这一增速保持稳定，沃尔玛的电子商务销售额将在 4 年内超过亚马逊。这也是由于电子商务企业极大地提高了消费者的期待，消费者也会在互联网上对购买的东西提出更多、更完善的要求，希望买到的东西能够质量更好、价格更低、物流更快。

在美国，信用卡是消费者在线购物时使用最多的付费方式。但跨境电子商务的发展使美国企业逐渐接受其他的支付方式，如 PayPal、Apple Pay、Ali Pay 等。

美国消费者往往认为国外网站和国内网站相比不是很方便，而总部设在美国的商店的产品种类繁多，价格也很有竞争力。当美国消费者进行跨境购物时，退货会非常困难，而且运输很贵，需要很长时间，所以美国消费者会更多地选择在美国本土的企业中购物，如亚马逊、eBay 等。

美国人常用网购平台排行如下。

（1）Amazon（亚马逊）：该公司在美国拥有大量会员客户。会员制是亚马逊成功的主要推动力之一，使其能够占领美国超过 40% 的在线零售领域。

（2）eBay：现流行的 P2P 在线平台，是美国最受欢迎的在线购物网站之一。

（3）Etsy：美国最流行的 C2C 平台之一，专门从事复古和手工制品交易。

（4）Walmart（沃尔玛）：少数几家可以与亚马逊匹敌线上业务的公司。

（5）Steam：为用户提供数字版权管理、视频流和社交网络服务的平台，拥有超过 1.25 亿个账户。

（6）Ikea（宜家）：瑞典家居巨头，也经营着美国顶级的网上购物网站之一。宜家的在线战略广泛采用了最新的技术。该公司已经与苹果公司合作开发增强现实应用程序，可以让消费者在购物之前看到家中物品的摆放效果。

（7）Best Buy（百思买）：其 2020 年在线销售额达到 48.5 亿美元，增长了近 21%，超过亚马逊和沃尔玛。此外，百思买公司严重依赖在线销售，其第四季度在线销售额占第四季度总销售额的 18.6%。为了改善其在线状况，百思买在过去两年中缩短了一半的交货时间。该公司还签订了最后一公里交付服务，在 13 个大都市地区提供当日送达。

（8）Targer：一直与沃尔玛等大型竞争对手竞争，目前专注于小商店和在线销售。

（9）Home Depot（家得宝）：该公司一直专注于线上零售业务。

（10）Nike：在 2020 年通过 App 网络销售额达到 70 亿美元，后与亚马逊合作，通过亚马逊市场销售其产品。

（11）New Egg：一家只提供电脑硬件和消费电子产品的在线零售商。

（12）Nordstrom（诺德斯特隆）：美国高档连锁百货店。

（13）Macy's：梅西百货公司。

（14）Lowe's（劳氏）：美国第十五大，世界第三十四大零售商。

二、美国买家需求概况

Ecommerce Foundation 的数据显示，在美国大多数人从不通过社交媒体广告中购物，约 60% 的人不会点进 Facebook 的广告。而点进广告的人中，26% 的人会购买，74% 的人不会购买，总计 14% 的人会购买广告推荐的产品，86% 的人不会选择购买广告推荐的产品。其中会点进并购买的，主要是处于 45～54 岁年龄段的人，如图 1-3 所示。

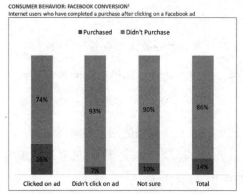
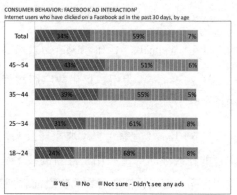

图 1-3　消费者行为

（数据来源：Ecommerce Foundation）

如图 1-4 所示，2021 年美国人口为 3.29 亿人，约有 2.63 亿人在线上购物，其中互联网主要消费群体处于 25～54 岁年龄段，在美国总人口中占比为 39.46%。

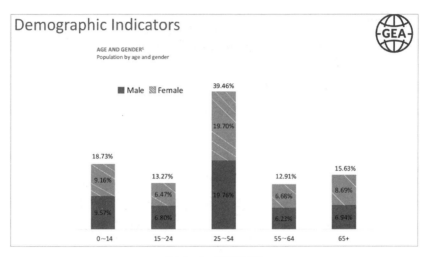

图1-4　美国概况

（数据来源：Ecommerce Foundation）

随着时间的推移、经济的发展，美国人均GDP从2012年的5.1万美元，到2020年的6.4万美元，稳步上升，如图1-5所示。

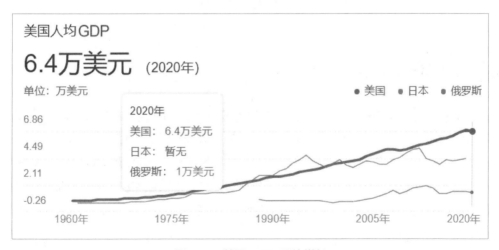

图1-5　美国GDP同比增长

（数据来源：中经数据）

在美国3亿多人口中，31%的美国成年人几乎"天天"上网。在美国，对于书籍、音乐和电子游戏，37%的人会选择在网上购买，占比最高，而家装、杂物的网上购买占比较低，只有7%和3%，如图1-6所示。

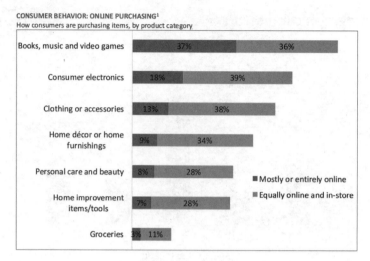

图 1-6　购物选择

（数据来源：Ecommerce Foundation）

任务二　欧洲电子商务市场

一、欧洲电子商务市场概况

　　目前，欧洲是中国出口跨境电子商务的第一大目标市场，而欧洲的电子商务市场环境是吸引中国跨境电子商务企业在欧洲布局的重要因素。欧洲国家整体的信息化水平高，基础设施完善，为电子商务的发展培育了良好的营商环境。同时，欧洲为了规范电子商务的发展，保护本地区的利益，对其他国家和地区的跨境电子商务进行监管，逐渐形成了比较健全的电子商务监管体系。

　　联合国 2019 年公布的数据显示，在 B2C 电子商务指数中有 8 个欧洲国家位居前十，荷兰以 96.4 高居第一（见图 1-7），另外，欧洲的 B2C 电子商务指数普遍较高，除黑山外，大部分国家的 B2C 电子商务指数都在 70.0 以上，平均水平较高。欧洲整体的电子商务运营环境优越，欧洲电子商务市场为电子商务的发展提供了有利的营商环境。

国家/地区	互网使用率	账户持有人比例	服务器的安全性	邮政可靠性	2019B2C电商指数
荷兰	95	100	98	93	96.4
瑞士	94	98	95	95	95.5
新加坡	88	98	97	97	95.1
芬兰	94	100	90	94	94.4
英国	95	96	88	98	94.4
丹麦	98	100	100	79	94.2
挪威	97	100	86	91	93.4
爱尔兰	82	95	95	100	93.3
德国	92	99	94	86	92.9
澳大利亚	87	100	89	91	91.8

图 1-7　B2C 电子商务指数排名前十的国家或地区

（数据来源：EUROPA）

　　互联网是电子商务发展的基础,北欧和西欧是互联网渗透率比较高的地区,冰岛、丹麦、挪威分别是欧洲互联网渗透率排名前三的国家,互联网普及率都在98% 及以上,互联网渗透率非常高。而东欧和南欧是互联网渗透率较低的地区，乌克兰的互联网渗透率仅为 64%，远低于欧洲的平均水平，如图 1-8 所示。

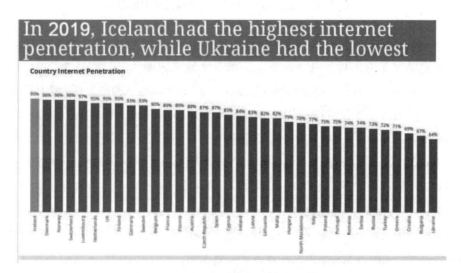

图 1-8　2019 年欧洲各国互联网渗透率

（数据来源：Ecommerce Foundation）

从在线网购率看，欧洲各国之间差异较大，瑞士网购率达 88%，而乌克兰的在线网购率仅为 22%，如图 1-9 所示。冰岛的互联网普及率排名第一，但在线网购率仅为 76%，在线网购率排名第一的是瑞士，高达 88%。这表明，在欧洲互联网渗透率与在线网购率之间关系不大，除互联网外，网购还受其他因素的影响，如购物习惯、物流水平等。无论是互联网渗透率还是在线网购率，欧洲内部发达的地区与欠发达的地区有较大的差距，但欧洲平均在线购买率高，对电子商务的需求大。

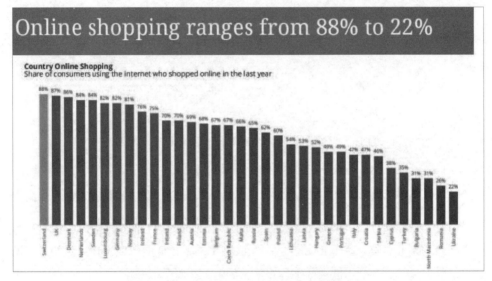

图 1-9　2019 年欧洲各国互联网在线购物率

（数据来源：Ecommerce Foundation）

西欧地区是欧洲地区电子商务交易额占比最高的地区，占欧洲总市场份额的64%；其次是南欧地区，占欧洲总市场份额的 16%；中欧地区的电子商务交易额占比最低。然而，在 B2C 经济增长率方面，东欧地区在 2020 年以 36% 的市场占比表现突出，而西欧地区的经济增长率保持在 4% 的温和水平。中欧地区和南欧地区在 2020 年的增长率相似，分别为 28% 和 24%。很可能是由于东欧地区的 B2C 电子商务发展水平落后于欧洲其他地区，东欧线上购物渗透率仅达到 41%，不足西欧渗透率的一半（86%）。西欧地区和其他地区的电子商务发展水平差距较大（见图 1-10）。欧洲电子商务市场分布反映出电子商务市场的发展程度与当地的经济发展水平密切相关，经济发展水平高的国家和地区往往具备更加完善的、适合电子商务发展的基础设施。中国跨境电子商务企业可以根据不同地区发展程度为各市场提供不同类型的产品。

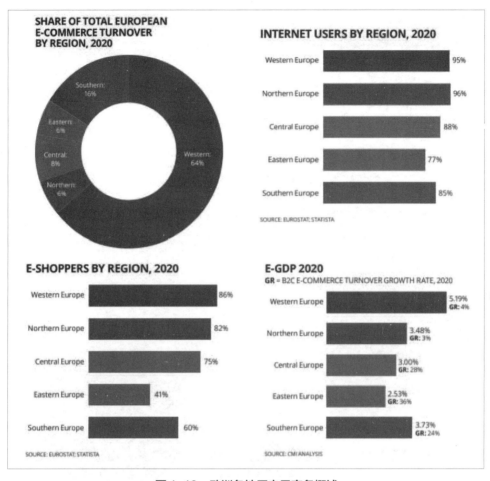

图 1-10 欧洲各地区电子商务概述

（数据来源：CMI ANDLYSIS；EUROSTAT；STATISTA）

二、欧洲买家需求概况

　　欧洲有各种各样的市场，电子商务市场也各不相同。包括互联网使用在内的技术及购买力都是影响电子商务发展的因素。在新冠肺炎疫情的背景下，欧洲的互联网使用以正常速度增长。2020 年欧洲人口共计约 7.35 亿人，GDP 为 17 660 亿欧元，全欧洲网民占比 89%，如图 1-11 所示。尽管欧洲 GDP 没有大幅增长，但预计之后欧洲的电子商务会发展得越来越好。

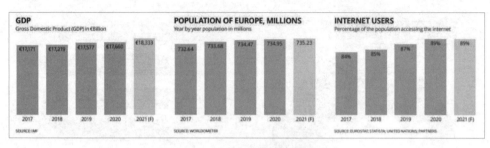

图 1-11　欧洲电子商务市场概述

（数据来源：IMF;WORLDOMETER;EUROSTAT;STATISTA）

互联网主要消费人群的年龄为 25～54 岁，在欧洲占比 42.23%。图 1-12 右边的饼状图是 2019 年美国网上购物者的分类。美国市场与欧洲市场相似，网上购物者的年龄通常为 18～55 岁，如图 1-12 所示。这只是一个比较，因为两个市场都相当成熟。

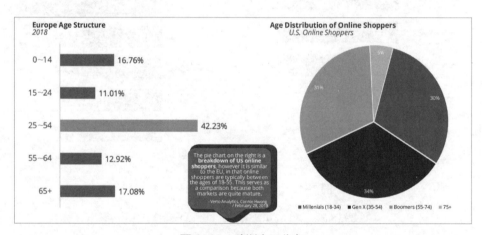

图 1-12　欧洲人口分布

（数据来源：Ecommerce Foundation）

欧洲各个国家对安全支付的问题最为关心，其次对线上购物的收货退货、投诉等环节较为不信任。

科索沃和黑山的消费者更可能在实体店购买，而避免网上购物，如图 1-13 所示。

不在线订购的原因有：喜欢亲自购物，喜欢看到产品，对熟悉商店的忠诚或习惯的原因，等等。

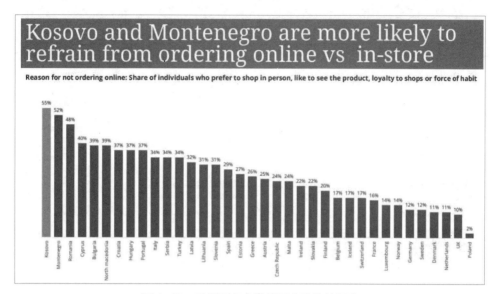

图1-13 欧洲最不会选择网上购物的国家

（数据来源：Ecommerce Foundation）

全球速卖通（Aliexpress）占据了欧洲大部分地区的市场份额，其次是亚马逊和eBay。

各国领先市场前三的电子商务企业如图 1-14、图 1-15 所示。

图1-14 各国领先市场前三的电子商务企业（1）

（数据来源：Ecommerce Foundation）

图 1-15　各国领先市场前三的电子商务企业（2）

（数据来源：Ecommerce Foundation）

任务三　新兴电子商务市场（俄、巴）

一、新兴电子商务市场概况

（一）俄罗斯电子商务市场概况

俄罗斯最大的 B2C 平台是 Ozon，它是由圣彼特堡的 Reksoft 公司和 Terra Fantastica 出版社于 1998 年成立的，在互联网销售书籍和视频。2007 年 Ozon 启动了 C2C 项目。20 多年来，Ozon 从宜家文化产品商店变成了俄罗斯互联网上种类最多的大型超市，目前该网站上有超过 400 万种产品可供选择和订购。俄罗斯电子商务平台公布的其 2020 年初步经营数据显示，Ozon2020 年的营业额达 1950 亿卢布，较 2019 年增长超 140%；订单量达 7390 万份，同比增长 132%。销售额排名前五的地区包括莫斯科（40%）中央联邦区（16%）、圣彼得堡（13%）、西伯利亚（7%），以及南部和伏尔加联邦区（6%）。

俄罗斯经济基础雄厚，其 2020 年 GDP 约为 1.5 万亿美元，是金砖四国中按购买力平价计算的人均 GDP 最高的国家。俄罗斯是欧洲国家 / 地区中互联网用户数量最多的国家，世界排名第七。截至 2020 年年末，俄罗斯大约有 1.24 亿名网民。2021年 1 月俄罗斯的互联网渗透率为 85%，如图 1-16 所示。

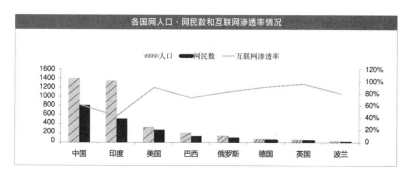

图 1-16　各国人口、互联网渗透率

（数据来源：INFOLine，Euromonitor）

在"一带一路"背景下，中国跨境电子商务进出口贸易得到了快速发展。近些年来，随着中俄经济贸易关系日益密切，推进双边跨境电子商务贸易成为促进贸易模式转型的基本路径。2018 年 6 月，在中俄跨境电子商务建设中，物流问题依然是重要的制约瓶颈。为了解决传统物流运输困境，在俄罗斯建设海外仓不失为一个好办法。"跨境电子商务 + 海外仓"将会成为中俄跨境电子商务贸易的新模式，基于此，我们要正确认知俄罗斯海外仓。

2020 年俄罗斯热度最高的电子商务平台是全球速卖通，在这一年，用户在各社交媒体上提到全球速卖通的次数超过了 1242 万次。根据 Brand Analytics 的统计数据还可以发现，俄罗斯杂货零售业增长强劲，且这种爆炸性增长一直持续到 2020 年下半年。从 2020 年年初开始，平均每月有 2.6 万份讨论帖，一直持续到 10 月。外卖也成为俄罗斯人讨论的热点。

（二）巴西电子商务市场概况

巴西近年的失业率和通货膨胀率持续上升，巴西消费者的消费能力大幅下跌。巴西行业联合会数据显示，59% 的巴西消费者的购买力下跌。经济下滑让巴西消费者变得更加谨慎，因此在决定购买产品或服务前，他们会在网上搜索更多信息来比较商品的价格和功能。在巴西，25 ～ 54 岁的人口占比为 43.86%，巴西的互联网普及率在 2019 年达到了 70%，手机和平板的普及率非常高。根据巴西电信协会的统计，巴西 4G 网络已覆盖 4222 个市区，相当于国家人口的 94.4%。从 2019 年 7 月至 2020 年 7 月，约 3600 万张 4G 手机卡被激活，共 1271 个新市区获得 4G 覆盖，这意味着巴西的 4G 覆盖率在一年内增长了 44%。而 3G 覆盖多达 5301 个市区，相当于覆盖了 99.3% 的巴西人口。在全国范围内，共 1.206 亿张 4G 卡和 6730 万张 3G 卡投入使用，巴西移动网络用户约为 2.07 亿人。

在巴西，1/7 的电子商务产品是通过手机和平板购买的。跨境电子商务的发展吸引了巴西企业的目光，eMarketer（互联网数据资讯网）显示，巴西跨境电子商务营收从 2017 年的 56.8 亿美元增长到了 2021 年的 149.03 亿美元，如图 1-17 所示。

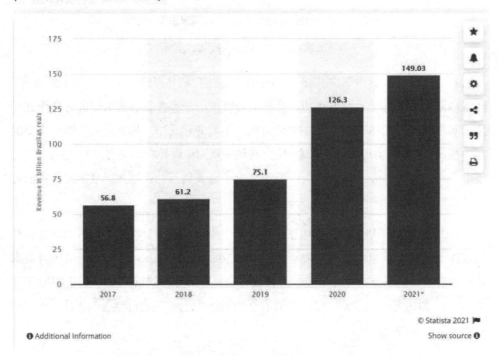

图 1-17　2017—2021 年巴西每年的网上购物收入

巴西消费者越来越习惯使用手机和平板购物，电子钱包兴起。GWI 数据显示，2021 年 1 月，在网上购物的 16 ～ 64 岁互联网用户中，巴西人的全世界占比达 76.0%。

由 We Are Social 和 Hootsuite 合作发布的《数字 2021：对"数字状态"的最新见解》报告显示，目前全球有 42 亿名社交媒体用户，同期增长 4.9 亿名，同比增长超过 13%。目前社交媒体用户的数量约相当于世界总人口的 53%。

其中，巴西人每天花在社交媒体上的时间平均为 3 小时 42 分钟。菲律宾人是世界上每天在社交媒体上平均花费时间最长的人，平均每天花费 4 小时 15 分钟。

Technavio 发布了关于巴西物流市场的报告，分析影响巴西 2016—2020 年物流市场的几大重要趋势：兼并和收购增多、区域性物流公司兴起。电子商务的发展带来了大量包裹配送业务，对巴西物流市场产生了非常大的影响。区域性物流公司，如 OnTrac、Eastern Connection 与亚马逊、新蛋及其他业务量大的电子商务企业签订物流合同，向特定地区提供成本低、速度快的产品配送服务。虽然区域性物流公司的市场占有率仅为 3%，但多亏了这些区域性物流公司，电子商务企业才能够向一些地区提供"次日达"服务，相比配送程序复杂的全国性物流公司（如联邦快递和 UPS 等），运费成本降低了 20% ～ 40%。

二、新兴电子商务市场的买家需求概况

（一）俄罗斯的买家需求概况

俄罗斯 2020 年的人口为 1.4 亿人，互联网用户数约为 1.1 亿人。在俄罗斯电子商务市场群雄争霸，全球速卖通、亚马逊及 eBay，3 家全球电子商务巨头合计所占市场份额仅为 20%。移动支付市场竞争激烈，Sberbank online 用户覆盖率为 78.7%，Yandex Money 用户覆盖率为 50.3%，PayPal 用户覆盖率为 43.6%。

随着近年来电子商务的发展，俄罗斯 B2C 领域在 2018 年完成了 2.9 亿笔订单，平均支票金额为 3970 卢布，收入达 1.15 万亿卢布（同比增长 19%）。

俄罗斯每年电子商务市场的增长量都在增加。如果 5 年前电子商务市场每年增长 1000 亿卢布，则现在每年会增长 1850 亿卢布。如果保持这种增长速度，到 2023 年，俄罗斯的电子商务市场规模将增长 2 倍多，达到 2.4 万亿卢布（平均年增长率为 16%），如图 1-18 所示。

俄罗斯互联网贸易公司协会（AKIT）（9 月）发布的数据显示，2020 年上半年，俄罗斯的线上零售市场规模达 1.654 万亿卢布。

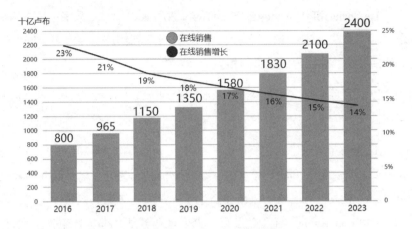

图 1-18　电子商务增长情况

（数据来源：DataInsight）

在俄罗斯大约 60% 的交易都是货到付款。消费者使用 Visa（29%）、Qiwi（26%）、Yandex（19%）、MasterCard（13%）、Webmoney（8%）和 PayPal（5%）进行支付。俄罗斯的网民数量为 1.1 亿人，以女性为主，占网民总数的 52.5%。在 16 ～ 29 岁和 30 ～ 54 岁的人群中，互联网的普及率较高。年龄在 55 岁以上的人是使用互联网最少的群体。俄罗斯电子商务市场上的国际在线平台包括全球速卖通、eBay 和 TradeEase。美国国际通信公司数据显示，全球速卖通在俄罗斯购物网站的独立用户排名中位居第一，如图 1-19 所示。

Table 1-Most visited E-Commerce sites in Russia	
Website	Number of visits (Million)
Aliexpress.ru (China)	22 194
OZON.ru (Russia)	8987
Eldorado.ru (Russia)	7564
DNS-shop.ru (Russia)	6976
Mvideo.ru (Russia)	6923
Wildberries.ru (Russia)	6772
Ulmart.ru (Russia)	6012
Ebay.ru (USA)	5157
Lamoda.ru (Russia)	4548
Citilink.ru (Russia)	4420

图 1-19　俄罗斯访问最多的电子商务网站

（二）巴西的买家需求概况

2019 年，巴西人口约为 2.12 亿人，互联网用户占比为 70%。其中 25 ～ 54 岁的用户占比为 43.86%，如图 1-20 所示。

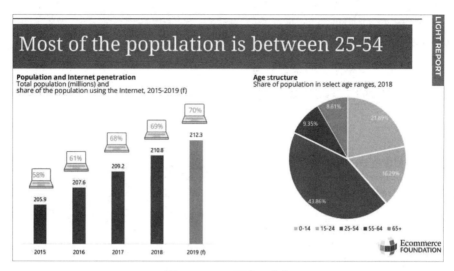

图 1-20　巴西人口分布

巴西 GDP 是呈缓慢下降趋势的，从 2014 年的 2.624 亿万美元下降到 2019 年的 1.892 亿万美元，再下降到 2020 年的 1.4 亿万美元。人均 GDP 从 2014 年的 12000 美元下降到 2019 年的 8909 美元，再下降到 2020 年的 6796.8 美元，如图 1-21 所示。

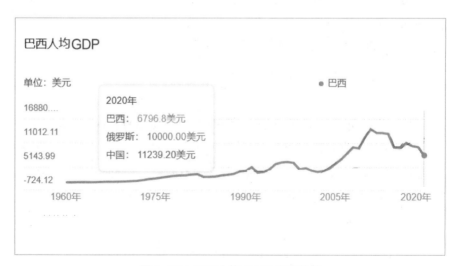

图 1-21　巴西人均 GDP 变化趋势

（数据来源：中经数据）

众所周知，巴西是用户上网时间最长的国家之一。巴西有 4500 万名成年人没有银行账户，但 85% 的巴西人拥有智能手机。然而，和中国人喜欢在网上购物有所不同，大多数巴西人更习惯使用传统的支付方式。

在巴西，Boleto Banc á rio 是消费者的最爱。这是巴西电子商务购物中第二常用的支付方式，是一种现金付款方式，简称 Boleto，受巴西央行（Brazilian Federation of Banks）的监管。需要注意的是，Boleto 不是一家公司，它和银联、支付宝不同，因此不存在所谓的 Boleto 官方，Boleto 仅仅是一种付款方式而已。Boleto 翻译成英文的意思是 Ticket（就像票一样）。图 1-22 所示为 Boleto 模板。

图 1-22　Boleto 模板

但只有 69% 的网上商店提供这种支付解决方案。传统的 Boleto 有些过时了，因为在巴西还没有网银的时候，消费者需要先将 Boleto 打印出来（就像票一样），然后在附件的银行网点、ATM、邮局、超市或彩票点缴费。有了网银之后，很多银行也有了手机 App，只需要使用手机扫描上面的条形码，或者手动输入来付款，比之前的操作流程要方便很多。

虽然操作并不便利，但 Boleto 支付对巴西电子商务市场依旧很重要，在巴西有 81% 的人是没有可以跨境消费的信用卡的。也许在我们看来申请一张可以海淘的 Visa 卡 /MasterCard 很容易，但对大多数巴西人而言并不容易，很多人只能申请本地信用卡［只支持当地货币（BRL）消费，不支持跨境消费］。如果某个商家只支持信用卡就意味着有 81% 的巴西人无法在他的店铺里付款，也无法从他的店铺里购买商品。很多中国跨境电子商务企业已经发现了 Boleto 的重要性，不少已经支持 Boleto

支付。比如，全球速卖通在 2013 年就已经开始支持了 Boleto，敦煌网后来也支持 Boleto 支付。

任务四　其他

一、东南亚电子商务市场及买家需求概况

在跨境电子商务的推动下，中国对外贸易交往愈加频繁，区域辐射范围进一步扩大，结构进一步优化，新增长点不断涌现。在供应链全球范围扩展进程中，东南亚地区的表现最为亮眼。东南亚地区的电子商务用户相对更活跃，电子商务市场运营参与程度更高。

东南亚地区在中国"一带一路"建设中发挥着重要作用，是中国与"一带一路"沿线国家开展贸易合作的主要地区之一。近年来，东南亚地区的电子商务市场发展迅速，其原因可以概括如下。

东南亚地区包括新加坡、越南、泰国和"一带一路"沿线的其他国家。"一带一路"是"丝绸之路经济带"和"21 世纪海上丝绸之路"的简称，旨在促进"一带一路"沿线国家经济要素的有效配置和深度市场融合。随着"一带一路"的不断推进，中国相继出台了一系列优惠和扶持政策，中国与"一带一路"沿线国家的贸易领域不断拓宽，经济结构的不断优化吸引了大量跨境电子商务企业投资东南亚跨境电子商务业务。

东南亚地区得天独厚的地理位置使其成为中国发展周边外交的优先选择方向，在"一带一路"建设中起着举足轻重的作用，使其优先享受了中国开展"一带一路"的贸易红利。东南亚跨境电子商务的发展其使得互联网发展迅速，电子商务成为东南亚网络经济中增长最快的行业，东南亚地区的在线消费用户数量已突破 4 亿人，超过了现在东南亚地区的一半人口；而且东南亚地区的智能手机普及率高，超过 90% 的网民使用智能手机上网，这也加速了移动互联网的发展。东南亚地区凭借强大的电子商务市场增长成为中国跨境电子商务卖家关注的焦点。

东南亚地区的人口规模接近 6.5 亿人，年龄结构偏年轻化，20 ～ 49 岁人群所占比例接近 45%，该层次人群是网络参与和消费的主力军，为跨境电子商务发展带来

了人口红利。

根据谷歌和淡马锡联合发布的《东南亚电子商务报告》，东南亚人每日在互联网上花费的时间是全球最多的，这一属性也使该地区为互联网应用特别是电子商务的应用的发展提供了充足的空间。基于当前东南亚电子商务的发展，虽然 Lazada 和 Shopee 瓜分了该地区大量的电子商务市场，但东南亚人的网购习惯还不稳定，还有大量的参与空间。

近年来，国内电子商务市场已基本饱和，竞争日趋激烈，处于一片红海之中，越来越多的电子商务卖家开始寻找新的出路，跨境电子商务就是一个不错的选择。而东南亚地区作为"一带一路"海上丝路首站，凭借文化地缘接近等优势，成为中国卖家拓宽贸易领域、开拓海外市场的首选。

在东南亚跨境电子商务的代表性企业中，Lazada 和 Shopee 是处于头部的两家企业，龙头企业对产业发展具有引领和带动作用，这两家企业的发展状况在一定程度上也代表了东南亚跨境电子商务行业的发展前景和市场竞争力。Lazada 于 2012 年在新加坡成立，2016 年被阿里巴巴收购，阿里巴巴先后注资 40 亿美元，从资金到人才输出等各方面助推 Lazada 平台的孵化和发展，Lazada 现已成为东南亚地区排名靠前的电子商务平台。

Lazada 从创立之初一直将核心放在有效的本地化运营处理上面，力求成为一家根植于本土的跨境电子商务平台。本土化的经营优势使其对东南亚地区的电子商务市场具有深刻的认知，熟知市场运营特点和消费者的消费需求。另外，阿里巴巴控股 Lazada 之后，也将先进的方法、经验、资源等向该平台进行迁移，升级、优化业务流程，帮助 Lazada 上线支持多种语言的智能客服机器、重构了电子商务底层系统等，推动了 Lazada 的数字化创新和商业发展。

为了提升买家购物体验、简化卖家的运营操作，Lazada 启动了自建物流中转仓的新形势跨境物流解决方案，并且借助阿里巴巴的数字化能力打通了"菜鸟"之间的物流网络。中国卖家可以利用菜鸟网络运货到东南亚，然后由 Lazada 在本地进行物流配送，卖家不需要自己寻找物流商，只需要在规定时间内将货物送至中转仓，跨境及尾程派送都由平台的专业合作商负责。Lazada 对入驻卖家有着严格的资质审核和管理规范，并采取了足够的培训措施，力求以优质的卖家为基础来保障优质的运营。

Shopee 相对于 Lazada 来说是后来者，于 2015 年成立，但近几年发展得十分迅速，在某些细分领域已经赶上甚至超过了 Lazada。Shopee 从成立之初就更为本土化，创始人和现任高管都具有长期的东南亚生活和工作经验，Shopee 的本地化策略一以贯之，成为其快速发展的核心竞争力。

Shopee 致力于打造一站式的跨境平台解决方案，包括 SLS 物流服务、小语种客服及支付保障等，并且还提供定制化的卖家孵化路径、网红营销等增值服务，为跨境卖家解决后顾之忧，使其轻松入驻，助力 Shopee 不断壮大。

跨境物流一直是跨境电子商务发展的痛点和瓶颈。为打破这一瓶颈，Shopee 开启物流服务 "3+1" 升级计划，即头程揽收、干线运输、全程保险三大板块，再配合海外仓储服务。在运营策略上，Shopee 根据东南亚地区的特点，在东南亚六国各推出了独立 App，并进行细致的本地化功能设置，运营更加灵活。独立 App 也更便于 Shopee 紧跟当前互联网发展的特点和各国互联网用户的喜好，采用移动化、社交及明星引流等多种运营策略进行引流升级。新冠肺炎疫情期间，Shopee 在泰国市场开启直播尝试，借助明星效应，抢占流量先机，进一步引发东南亚消费者的关注。

二、中东电子商务市场及买家需求概况

跨境电子商务在中东地区所面向的市场主要是阿联酋、阿曼、巴林、卡塔尔、科威特、沙特。

这些国家的石油资源丰富、经济结构相似、国民财富显著，是中东地区发展最快、经济最发达的地区。这些国家也是中国 "一带一路" 合作的重要组成部分，中国重视与这些国家的高层交往和政策沟通，双方保持密切、良好的合作关系，签署了众多合作文件，为中国电子商务企业在中东地区开展跨境电子商务提供了有力的政策支持。

虽然不稳定因素较多，但是中东地区占据近 30% 的世界石油供应量、近 20% 的全球贸易物流量、近 4% 的世界 GDP。

在人口方面，这六个国家大约有 5 亿人口，其中年龄为 15 ～ 29 岁的人超过了 28%，大约有 1.3 亿名青年，所以这六个国家所在的阿拉伯 GCC 海湾地区是世界上最年轻的地区之一。有关数据显示，64% 的阿联酋人年龄小于 31 岁，75% 的沙特阿拉伯人年龄在 35 岁以下。青年群体更容易接受互联网购物这类新兴的购物方式，是购买跨境电子商务产品的主力军。中东各国基础数据对比如图 1-23 所示。

中东各国基础数据对比（2018年）			
国家	人口数量（万）	人均GDP（美金）	互联网渗透率
沙特	3370	2.32万	88.60%
阿联酋	963	4.3万	96.90%
埃及	9842	2549	50.80%
土耳其	8232	9311	72.90%
卡塔尔	278	6.9万	95.90%
科威特	414	3.42万	98.00%
阿曼	483	1.64万	80.20%
巴林	157	2.41万	95.90%
伊拉克	3843	5878	49.40%
黎巴嫩	685	8270	91.40%
叙利亚	1691	4240	34.20%
伊朗	8180	5415	76.00%

图1-23　中东各国基础数据对比

（数据来源：快易数据）

　　沙特等阿拉伯GCC海湾地区的国家受制于本国的炎热气候和沙漠环境，早晚温差大。因此，当地服饰以夏装为主，在鞋子上，当地人偏爱凉拖，一年四季皆是如此。因为环境原因这些国家很难大规模发展轻工业，轻工业产品以进口为主。所以，产业结构决定了这些国家不会对外来的产品有太多限制。阿拉伯GCC海湾地区普遍的低关税就是一个明显表现。

　　Fordeal是专注中东地区的跨境电子商务平台，据其透露，在几千万名用户中只有5%左右的用户进行过电子商务购物；从消费频次上看，中东用户基本每月才网购一次，但是淘宝一线城市用户平均每年消费在40次以上。

　　中东电子商务目前的发展水平和中国2008年左右的电子商务发展水平接近，这个阶段无论是消费者、商家还是物流都非常不成熟，但不成熟也意味着大量的机会。

　　众所周知，中东地区是一个物资匮乏但人均收入较高的地区，沙特人均GDP超过20000美元，阿联酋人均GDP更是高达40000美元。这里的购买力是东南亚和印度等新兴市场望尘莫及的。

　　有关数据显示，中东地区的互联网渗透率超过了60%，其中阿联酋、卡塔尔、巴林及沙特的互联网渗透率都超过了90%，中东地区的智能手机渗透率也非常高。例如，约90%的沙特人会使用智能手机，其中大多数人会使用智能手机上网。

物流、支付和低频购买是中东电子商务市场的三大硬伤。

中东地区的电子商务起步晚，但发展迅速，各类电子商务平台越来越多，主要的有 Souq、Noon、Wadi、Jollychic、Mumzworld、Awork 等。

相较于发达国家和地区的电子商务市场，中东地区的数字支付发展较为落后。除阿联酋外，中东其他国家尚未完全采用在线支付和移动支付方式。货到付款仍然是该地区主要的支付方式，这显然增加了电子商务企业的运营成本。

在支付方面，作为全球使用最为广泛的网上交易工具，PayPal 在 2014 年就推出了阿拉伯语 App，但是中东地区信用卡使用率低，PayPal 的使用率并不高，50% 以上的线上购物行为使用货到现金支付。

Payfort 是中东最大的在线支付平台，中东主流的服务平台都在使用 Payfort 的服务。2018 年，Payfort 推出了全新的货到刷卡服务，为买家在线支付提供了便捷。

相对美国、中国等电子商务发达地区，中东、北非地区的购物频次要低很多。低频次的一大原因是品类太少。

中东地区大部分人信仰伊斯兰教，猪肉和酒是阿拉伯人的禁忌，猪皮制品及带猪形图案的饰品等宗教敏感类产品不能销售。此外，阿拉伯人认为动物形象会带来厄运，因此动物形象的产品也不适合在该地区销售。中东地区对男女的穿着打扮要求十分严格，男性一般身着大袍，外加披风，包头巾上戴头箍；女性一般身着长袍，头戴黑面纱，佩戴各种各样的配饰。在色彩上，阿拉伯人喜欢鲜明亮丽的颜色胜过柔和浅淡的颜色。

斋月是当地很重要的一个节日，为期一个月。在斋月之前，女性就开始准备装饰家居、购置新衣；在斋月期间，人们的工作时间减少，加上节日庆祝气氛，人们的网购时间和消费动力会大大增加。

中东地区编码的缺失阻碍了产品的"最后一公里的交付"。对于许多电子商务和物流公司来说，最大的问题就是如何降低与在线购物相关服务的时间和成本。

中东地区一般不支持自提，无论是店内取货还是路边取货，不过诸多实体店目前已开设网店，以配合疫情防控的要求。

2018—2020 年沙特、阿联酋和卡塔尔 3 国电子商务消费趋势如图 1-24 所示。

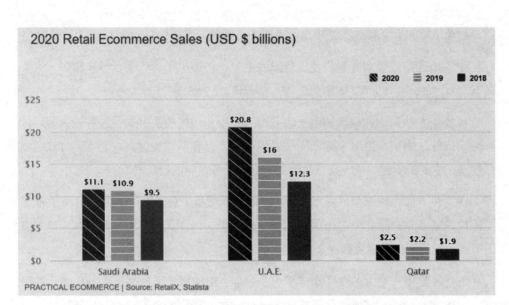

图1-24　2018—2020 年沙特、阿联酋和卡塔尔 3 国电子商务消费趋势

🎯 项目小结

　　通过本项目的学习，学生对全球跨境电子商务有了初步了解，知道了美国、欧洲、俄罗斯、巴西、东南亚地区、中东地区电子商务的发展情况，了解了其主要电子商务平台、支付方式、买家特点及需求等，为后续跨境电子商务营销的学习打下基础。

项目二

搜索引擎优化

　　随着现代社会互联网的迅速发展，网络上的信息逐渐复杂、多样化，数量庞大的数据信息让用户很难在短时间内找到自己所需的信息，由此搜索引擎应运而生。目前93%的网络流量来自搜索引擎，80%的互联网用户会通过搜索引擎去检索其所需产品或服务的信息。因此，搜索引擎营销成为网络营销服务商重要的推广方式之一。

🛒 学习目标

知识目标

1. 了解搜索引擎优化的定义及其与搜索引擎营销的关系；

2. 了解搜索引擎优化中关键词的作用及分布；

3. 熟悉搜索引擎优化中网站内容的优化原则和制作。

能力目标

1. 能够初步判断网站的优化情况；

2. 能够为网站优化确定关键词；

3. 能够为网站制作内容。

🔍 项目概述

> 搜索引擎优化涉及在线内容的管理和创建，旨在提高优化对象在搜索引擎中的展现，尤其是谷歌上的自然搜索结果页面。作为电子商务平台卖家，必须掌握搜索引擎优化技能。本项目将介绍搜索引擎优化相关知识和技能。

✖ 任务分解

对任何规模的电子商务品牌来说，搜索引擎优化都是一个利润非常大的营销渠道。本项目分 3 个任务讲解搜索引擎优化，包括关于搜索引擎优化、关键词、内容策略等。

任务一　关于搜索引擎优化

搜索引擎优化是几乎与搜索引擎伴生的一种技术。一开始只是简单地想让网页内容符合搜索引擎数据库原理，随着搜索引擎多元化进程的不断发展和革新，逐步形成较为完整的搜索引擎优化理论及操作。在这个过程中，搜索引擎技术也因为搜索引擎优化变得更加完善。

一、什么是搜索引擎优化

搜索引擎优化（Search Engine Optimization，SEO），字面理解为"针对搜索引擎做最优化的处理"。其定义为在了解搜索引擎自然排名机制的基础上，对网站进行内部及外部调整优化，以提高网站在搜索引擎中的关键词自然排名，并获得更多的自然（免费）流量，通过打造更好的用户体验达成品牌建设或网站销售的目标。

通俗地讲，搜索引擎优化就是按照搜索引擎的规则，通过技术对网页内容进行相关优化，使网站对用户和搜索引擎更友好（Search Engine Friendly），从而更容易被搜索引擎接受并收录，以提高网站在搜索页面的自然排名、增加曝光率、获得更多的点击量。一般情况下，网站出现在搜索结果页面的频率越高，从搜索引擎用户中获得的访客也就越多，这些访客可以转换成客户。简单地讲，搜索引擎优化将企业与搜索企业相关产品或服务的人联系起来，并帮助企业将这些人转化为客户。

（一）搜索引擎的工作原理

了解搜索引擎的工作原理是能够顺利进行搜索引擎优化的前提、基础。搜索引擎的工作原理可分为3步：从互联网上抓取网页、处理网页及建立索引数据库和提供检索服务。

1. 从互联网上抓取网页

每个独立的搜索引擎都有能够在互联网上自动抓取网页的程序，这个程序通常称为蜘蛛（Spider）。搜索引擎从已知的数据库出发，自动访问互联网，并沿着任何网页中的所有链接爬到其他网页，重复的这个过程就叫作爬行。这些新的网页会被存入原始页面数据库等待处理。蜘蛛在抓取页面时，也做一定的重复内容检测，一旦遇到权重很低的网站上有大量抄袭、采集或复制的内容的情况，很可能就不再爬行。

2. 处理网页及建立索引数据库

分析索引系统程序会对蜘蛛所抓取回来的网页进行分析，提取相关网页信息（包括网页所在URL、编码类型、页面内容包含的关键词、关键词位置、生成时间、大小、与其他网页的链接关系等），并根据一定的相关度算法进行大量的复杂计算，得到每一个网页中页面内容及超链中每一个关键词的相关度（或重要性），然后利用这些相关信息建立网页索引数据库。

3. 提供检索服务

当用户在搜索引擎界面输入关键词，单击"搜索"按钮后，搜索引擎程序即对搜索词进行处理，如中文特有的分词处理，去除停止词，判断是否需要启动整合搜索，判断是否有拼写错误或错别字等情况。对搜索词进行处理后，搜索引擎程序便开始工作，从网页索引数据库中找出所有包含搜索词的网页，并且根据排名算法进行排序，相关度越高，排名越靠前，最后由页面生成系统将搜索结果的链接地址和页面内容摘要等内容组织起来返回用户。

（二）搜索引擎优化的工作内容

搜索引擎优化工作主要分为内部（站内）优化和外部（站外）优化。其中，内部优化主要是指能在网站上控制和调整的因素，如网站的架构、统一资源定位符（Uniform Resource Locator，URL）等；而外部优化是指脱离站点的优化操作，这是对网站在搜索引擎排名造成影响的一种手段，其中最重要的方式就是外部链接（反向链接）的建设。

1. 内部优化的基础操作

（1）网站结构的合理设计及策划：它的主要作用是改善网站的用户体验，让蜘蛛更容易爬行和抓取网页信息，以及让网站本身产生更多的内部链接。基于关键词排名靠前是搜索引擎优化的可见性结果，其中分析、确认网站关键词是所有搜索引擎优化操作中最重要的环节，包括研究网站关键词，并对其进行分类、选择、布局及跟踪数据等。

（2）网站代码的优化：包括定期清理垃圾代码、删减重复的代码、运用优化特殊标签等。它的作用主要体现在提高网站的打开速度，让搜索引擎更简单地解读每个页面所表达的侧重点上。

（3）网站 URL 路径的规范：主要指的是对于动态 URL，最好进行网站 URL 静态化或伪静态化处理，另外也要注意网站 URL 路径的长短问题。

（4）优化元数据：主要指自定义元标记，包括页面标题标记、元描述、标题标记和图像 ALT 标记；判断是否合理使用关键字（词）；创建网站地图并提交搜索引擎；

尽可能使用文本格式的导航和锚文本链接；分摊权重及提高 PR 值（网页等级）；网站内的网页相互链接等内链优化。

（5）内容更新：定期更新高质量的相关性内容，如有话题性的原创内容，这样的内容能带来不少流量，同时要注意内容的时效性。内容建设的最终目的是获得更好的用户体验，从而获得更多的流量。

2. 外部优化的基础操作

通过搜索引擎的工作原理得知，蜘蛛可以顺着任何网页中的所有链接，从一个网站爬到另一个网站，所以外部链接成为搜索引擎站外优化的重要因素。外部优化的基础操作如下。

（1）采用高质量的外部链接是提高网站权重的关键，直接影响网站在搜索引擎中的排名。

（2）注意外部链接内容和锚文本链接的相关性，尽量保持链接的多样性。

（3）定期更新和增加外部链接，巩固／提高关键词排名。增加外链的主要来源需要有好的内容，除了通过将这些内容发表在权重较高的博客和网站上（如问答平台、信息发布网站等）来完成外部链接的建设，还可以通过将网站提交到开放目录、进行社交营销（如通过社交媒体共享）来增加网站流量，但是这样花费的时间相对较长。

二、搜索引擎优化的重要性

搜索引擎是网络流量中最大的流量来源，同时是目前用户寻找信息、产品、服务的首选。而跨境电子商务企业无论以哪种商业模式运行，都必须借助搜索引擎才能实现商业利益的最大化。从某种程度上来说，搜索引擎的作用已经超过了电子商务中的任何其他因素，因为只有有了流量、有了访客才可以进行后续的推广及销售。

用户在利用搜索引擎查找关键词时，往往只会留意搜索结果中前面的几条链接，所以大部分的网站都希望通过各种方式来影响网站在搜索引擎中的排序，努力提升网站的排名，以获取靠前的搜索结果的显示位置。这样就可能获得更大的曝光率，被点击的概率也会更高。对跨境电子商务企业来说，这样也意味着会有更好的收益。

提高搜索引擎排名的方式不只有搜索引擎优化，但是比较各方面因素，搜索引擎优化是目前可行的较好的方法。搜索引擎优化的重要性体现在以下几方面。

（1）流量质量高。相较于被动接受广告的用户，主动搜索的用户基本上都是有相关需求、通过比较精准的关键词找到其所需的网站及信息的精准客户，这样必然能带来较高的转化率，这是非常优质的流量来源。

（2）低投入、高性价比。搜索引擎优化具有成本效益，合理地进行搜索引擎优化可以以相对较低的成本投入得到相对较高的投资回报率。

（3）扩展性强。在掌握了搜索引擎优化关键词研究方法和网站框架的相关知识后，当网站有新的推广需求时，运营人员可以利用搜索引擎优化技巧不断增加关键词，也可以选择重新建设新的网站。

（4）稳定性强。信息流、付费搜索活动等一旦停止投放，流量会立即跌回原位，无论是活动推广还是话题消费，也都只能在有效时限内带来短暂的流量。搜索引擎优化在这一点上有很大的优势，只要不作弊，合理利用符合搜索引擎规则和良好用户体验的优化方式，网站排名一旦上去就很难再掉下来，可以维持相当长的时间，流量也会源源不断，这就是所谓的惯性大。基于搜索引擎目前的发展情况，搜索引擎优化在可预见的未来都不可能停止生效。

（5）提高网站易用性，改善用户体验。各类搜索引擎的算法都是为了提高用户体验感，这也是搜索引擎发展及拥有核心竞争力的根本因素之一，所以想要通过搜索引擎优化做到搜索引擎友好，其根本目的也是如此。

三、搜索引擎优化与搜索引擎营销的关系

搜索引擎营销（Search Engine Marketing，SEM），在过去被认为是一种基于搜索引擎平台的网络营销模式，利用人们对搜索引擎的依赖和使用习惯，增加搜索引擎结果页的可见度，在用户检索信息的时候将营销信息传递给目标用户。因此，搜索引擎优化曾被认为是搜索引擎营销的一部分。随着时间的推移，如今业界默认搜索引擎营销仅指付费搜索——通过在搜索引擎上购买广告获得网站流量的过程。当前主流的搜索引擎营销有按点击付费（Pay Per Click，PPC）广告及付费收录（Pay For Inclusion，PFI）广告两种方式。

图 2-1 所示为一个搜索引擎结果页，该页是在谷歌搜索引擎中输入关键词 "SEO" 的结果。前四个结果的主标题链接下面显示 "Ad" 即 "广告"，这表示付费广告或搜索引擎营销，其中品牌或商家已向谷歌支付费用，以在该页面的顶部显示该特定关键词的广告。通过 Google Ads 上的搜索引擎营销，用户可以通过选择投放位置和

时间等因素来提高广告投放的精准度，从而获得付费广告系列带来的良好效果。这种形式的搜索引擎营销通常被称为 PPC 广告。当有其他公司购买同一组关键词时，它的收费会更贵。

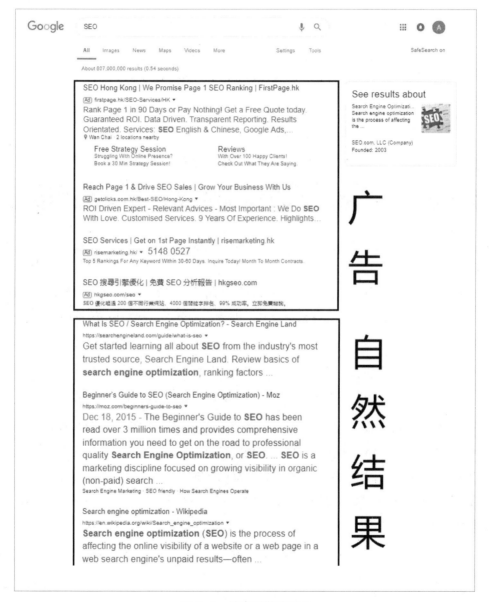

图 2-1　搜索引擎结果页

对于搜索引擎优化和搜索引擎营销的关系，并不提倡简单地理解为一个比另一个更有效，二者只是不同的推广方法而已。高质量的搜索引擎优化是高质量的搜索引擎营销的先决条件，它们可以是互补的，使用两者的战略组合可以提高网站在搜索引擎中的长期可见性。当网站有了正确的设置，才能有更好的机会获得高质量的流量和提高转换率。搜索引擎优化通过优化的内容为搜索引擎营销奠定了基础，使搜索引擎将网站视为可靠的网站。如果没有针对搜索引擎优化的着陆页、网页和内容，搜索引擎营销工作将由于质量差而陷入困境。通过持续创建高质量的内容和使用社交媒体来维护搜索可信度，付费搜索的长期成本也会降低。如果网站比较新，可以优先考虑 PPC 广告，因为搜索引擎优化排名需要一段时间才能建立，但在此过程中不要忽略搜索引擎优化。

搜索引擎优化和搜索引擎营销的优劣势如表 2-1 所示。

表 2-1　搜索引擎优化和搜索引擎营销的优劣势

	优　势	劣　势
搜索引擎优化	投入成本低、性价比高、扩展性强、效果持续稳定	周期较长，起步比较艰难
搜索引擎营销	周期短、见效快	投入成本高、停止投放即效果消失

通过比较搜索引擎优化与搜索引擎营销之间的优劣势可以看出，它们之间具有互补关系，搜索引擎优化与搜索引擎营销的战略结合可以提高投资回报率（Return On Investment，ROI）。

需要高转化率的页面适合做搜索引擎营销，如常见的与核心产品或市场活动相关的页面，而其余页面可以通过搜索引擎优化长期做内容来引流。

商家通常会将核心关键词、热门产品词或品牌词作为搜索引擎营销的选词，而搜索引擎优化则会结合更多的长尾关键词。在搜索引擎营销的关键词竞价中，单价较高或无法竞价的关键词可以通过搜索引擎优化的方式来降低成本，而搜索引擎优化中转化率较好的长尾关键词也可以用搜索引擎营销的方式来提升转化率，通常这类词的单价都不高。

搜索引擎优化和搜索引擎营销之间会有部分各自独立的用户群体，两者相结合会产生用户合集。

可以通过跟踪、分析搜索引擎引来的流量来优化网站。当一个新网站前期没有足够的数据来做分析时，搜索引擎营销可以迅速解决此问题，而搜索引擎优化则能提供长期、不断的数据来源。

任务二 关键词

关键词源于英文"Keywords",特指单个媒体在制作、使用索引时所用到的词汇,是图书馆学中的词汇。在搜索引擎优化领域,关键词主要是指网站关键词,即网页核心词或总结页面内容的词,也是为某个页面排名的搜索词。搜索引擎根据这些词可以更好地理解和抓取页面信息的重点。

用户打开网站,通常会在搜索框中看到"请输入关键词"的字样,然后通过输入相关关键词来寻找所需信息,这种网络搜索方法也称"关键词搜索"。简单地说,关键词对用户而言,就是在使用搜索引擎时输入的能够最大限度地概括他们所要查找的信息内容的词。当搜索引擎接收到这个信息后,会从关键词去理解用户行为信息,这时搜索引擎接收到的关键词已经不是其本身,而是经过对用户输入信息进行中文分词、切词、去除停止词、指令处理、拼写错误矫正、整合搜索触发等一系列计算之后得到的以词为基础的关键词合集。

一、关键词的作用与分类

(一)关键词的作用

用户在搜索引擎中使用的"搜索词"与网站页面提供的"关键词"越匹配,表示网页内容与搜索内容相关性越强,网站则越有机会展示自己的内容。搜索引擎根据关键词的自然排名将网页链接显示在搜索结果中,而搜索这样的关键词的用户也更有可能是精准的目标受众,即有效流量。

关键词对搜索引擎优化而言极其重要,需要正确地研究它。通过分析关键词,不仅可以判断哪些关键词可以带来更多有效流量,还能更加了解用户需求,对变化的市场环境做出反应。如果没有认真研究关键词,导致关键词定位错误,进而使用这些并不精准的关键词来优化网站,就有可能导致无法提升关键词的排名或引来错误的受众群体,即无效流量。搜索引擎优化需要的并不只是几个关键词,如何引发"头脑风暴"、找到大量精准的关键词才是需要好好研究的部分。

(二)关键词分类

关键词有许多分类方式,常见的主要有以下几种。

1. 主副分类法

按照关键词的主副关系可以将关键词分为主要关键词和辅助关键词。

（1）主要关键词：指比较难优化的关键词，这类词一般是首页关键词，且搜索量较大。

（2）辅助关键词：指比较容易优化的关键词，这类词的搜索量一般略小。

例如，对于一个销售帆布袋的跨境电子商务 B2B 网站，它的主要关键词可以是"中国帆布袋供应商"，辅助关键词可以是"中国棉质条纹纺布袋供应商"。

2. 长短分类法

按照关键词的长短可以将关键词分为短尾关键词和长尾关键词。

（1）短尾关键词：指比较简短的关键词，通常为 2 ～ 4 个字的关键词。

（2）长尾关键词：指比较长、比较具体的关键词，通常为 4 字个以上的关键词。

例如，对于一个销售老人手机的网站，短尾关键词可以是"老人手机"，长尾关键词可以是"防摔超大音量老人手机"。

由于很多时候短尾关键词虽然搜索量大，但是竞争大且优化难度大，不建议普通企业使用；而长尾关键词的搜索目的性很强、竞争难度较低，即使搜索量较小也可以带来一定流量，特别是大型网站的大部分流量均来自长尾关键词的叠加。

3. 热度分类法

按照关键词的热度可以将关键词分为热门关键词、一般关键词和冷门关键词。

（1）热门关键词：指搜索量比较大的关键词，通常竞争强度也比较大，一旦有了好的排名，收益也相当可观。

（2）一般关键词：指搜索量一般的关键词，竞争难度不大，相对来说流量较为精准。

（3）冷门关键词：指搜索量很小的关键词，词库量非常大，竞争难度很小，用户搜索目的性极强。

例如，对于一个销售日式便当盒的网站，"便当盒"就是热门关键词，"日式便当盒"相对而言就是一般关键词，那么"棕色樱花日式便当盒"就是冷门关键词。

如果刚开始优化一个新网站，那么建议多选择一般关键词和冷门关键词。热门关键词的搜索量虽然很大，但是竞争也很激烈，而且一般使用这类关键词的用户意向不明确，不容易产生转化。反之，一般关键词和冷门关键词的叠加可以带来搜索目的性很强的客户，即精准客户群体，而且这类词的排名也比较容易提升。

4．搜索目的分类法

按照搜索目的可以将关键词分为导航类关键词、交易类关键词和信息资讯类关键词。

（1）导航类关键词：指用户在寻找特定网站所使用的关键词。当用户不愿输入网站的网址或忘记网址时，可以在搜索引擎中直接输入品牌词或与之相关的特定词汇来进行搜索，如"苹果""淘宝"等，通常这类关键词排名第一的就是用户寻找的官网。导航类关键词的搜索量很大，有一定的优化空间，但仅限于"搜索词"而非"品牌词"，毕竟不能使用竞争对手的"品牌词"作为关键词，这是因为一方面搜索引擎不允许进行这样的作弊行为，另一方面这类客户的黏性极强，根本不会买单。

（2）交易类关键词：指表明用户有明显的目的及购买意向的关键词，如"苹果手机多少钱""雅思课程培训"等。这类关键词普遍具有较高的转化率，因为用户本身的购物意向明确，所以一定要将这类用户导向负责引导转化的终端页面，争取说服用户完成交易，而不是导向其他相关性不强的导航页面。交易类关键词一般是销售产品型网站的首选。

（3）信息资讯类关键词：指除导航类和交易类外的关键词，如"爬行动物""上课铃声"等。这类关键词占据了搜索引擎很大的搜索比例。搜索信息资讯类关键词的用户一般有两种：单纯了解信息和研究，对比产品并考虑购买。虽然这类用户不会马上发生购买行为，但是通过好的网站设计及优质的内容可以起到品牌推广的作用，同时提高成单可能性。信息资讯类关键词是大部分网站抢夺流量的主要分类，网站内容越多，出现在信息资讯类关键词搜索结果页的概率越大。

5．按照与企业网站的关系分类

按照与企业网站的关系可以将关键词分为品牌词、品类词和人群词。

（1）品牌词：指每个网站自己的品牌所使用的词。

（2）品类词（产品词、服务词）：指用于识别网站产品或服务的词。

（3）人群词：指产品或服务主要的受众群体的词。

例如，对于一个销售"婷婷"女士礼帽的网站，"婷婷"就是品牌词，"礼帽"

就是品类词，而"女性"就是人群词。如果精准客户为"少女"，则人群词用"少女"会更有效果。品牌词通常用于推广品牌、加大品牌影响力。

6. 其他分类法

除以上几种常用分类方式外，关键词还可分为泛关键词、别名关键词、时间关键词和问答关键词。

（1）泛关键词：指那些搜索量很大但定位不精准的关键词，通常代表一个行业或一个领域，如航空、咨询、金融等。这类关键词特别短，竞争很大，除非是非常有实力的企业，可以承担相应的投入成本，否则即使对这类关键词进行了投入也不一定能获得好的回报率，因此不建议选择这类关键词。

（2）别名关键词：指同义但是叫法不同的关键词，如"芋头（洋芋）""移动电话（手机）"等。由于地域或文化不同，很多物品都有不同的名称。

（3）时间关键词：指多加在关键词前面的、表示时间的关键词，如"最近的游乐场""当季水果"等。

（4）问答关键词：指用户在寻求产品信息、使用产品或解决与产品相关的问题时搜索的关键词，如"如何清洁榨汁机""最大的手机屏幕有多大"等。这类关键词适用于网站资讯页面优化，最好分类清晰。

二、核心关键词的选择

（一）选择关键词的重要因素

1. 内容的相关性

目标关键词必须与网站内容有相关性。网站需要的是潜在的目标客户和有效流量产生的转化，否则再多的流量也毫无意义。依靠毫无相关性的作弊手段带来的流量不仅不能产生效益，一旦被投诉成功，网站将会受到相应的惩罚。

2. 搜索量大、竞争小

为了获得更好的投资回报率，搜索量大且竞争小的关键词就成了理想选择，但是大部分搜索量大的关键词通常竞争十分激烈。因此，商家需要通过数据分析来找出这类高效能的关键词，用有限的成本带来更多的流量。

3. 核心关键词不能太宽泛，也不能太特殊

太宽泛的关键词代价太高，用户搜索意图也不明确，不能带来好的转化率；而太特殊的关键词几乎没有搜索量。所以，商家需要找到核心关键词需求的平衡点，在合理的投入下，既要有流量也要有转化。

4. 利益最大化

在有着相同搜索量和竞争力的关键词中，要优先考虑高转化率的关键词。例如，对于"保温杯图案"和"保温杯价格"两个关键词，假设它们的搜索量和优化难度相同，通过常识可以判断出搜索"价格"的用户的购买意向更高，那么"保温杯价格"从商业价值来看是优于"保温杯图案"的。

（二）什么是核心关键词

核心关键词通常是网站首页的目标关键词，通俗地说，就是网站产品或服务潜在的目标客户可能搜索的关键词，一般有 3～5 个。大多数网站都会准备很多关键词，这些关键词需要合理地分配到网站的不同页面，形成金字塔形结构。属于金字塔尖的是优化难度最大、搜索次数最多和竞争最大的核心关键词，其余的关键词按照这 3 项指数逐级分布。次要的关键词放在菜单或分类页面，大多数难度更低、搜索量小的关键词则放在网站终端页面。

（三）核心关键词的选择步骤

1. 制定关键词列表

确定核心关键词要从关键词研究开始。首先要准备一个关键词列表，可以用文档或 Excel 来记录尽可能多的与自己网站产品相关的且热门的搜索词。制定关键词列表可以从以下几个方面进行思考。

（1）考虑用户的相关问题和需求。

把用户在访问搜索引擎中提出的问题假设成关键词，从网站、产品或服务中寻找答案。例如，"网站可为用户解决什么问题？""用户有什么样的需求？"

（2）从访客角度思考。

从网站访客的角度查看自己的网站并且提出问题。例如，"用户使用哪种语言和方式搜索产品？""用户是否能在短时间内找到所需信息？"

（3）用横向方法思考。

很多时候，商家基于对产品和服务的熟悉度，会使用太过专业的词或行业术语来做关键词，但是客户不一定对此了解。为了避免被自己的思维所限制，走入误区，除了同事，商家还可以找朋友、客户和一些外行人去探讨关键词。

（4）从观察中学习。

竞争对手的网站是可以获得关键词的重要来源，特别是一些优质的网站。我们可以通过网站的代码找出元标签（Meta Tag）或首页正文中的关键词，或者通过与网站相关的论坛、博客、社交媒体等平台找出更多的关键词。

（5）使用关键词研究工具。

在为网站规划关键词时，有一些关键词研究工具可以使工作变得更简单，如常用的免费的谷歌系工具，包括 Google Trends、Google Correlate、Google Ads 中的"关键字规划师"等。

谷歌旗下的产品数据均来自谷歌，以 Google Correlate 为例，进入 Google Correlate 首页（见图 2-2），在搜索框内输入搜索词，即需要了解的关键词（如 Shopping Bag）进行搜索，即可得到分析搜索结果，如图 2-3 所示。所得词的相关性从上到下排列，通过这些词就能了解用户是如何进行搜索的，再加以分析便可找出合适的相关词，如图 2-3 中的 Shopping Totes 就是可以利用的近义词。

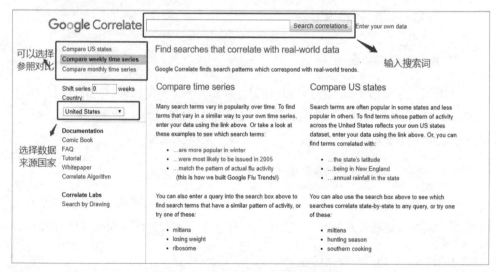

图 2-2　Google Correlate 首页

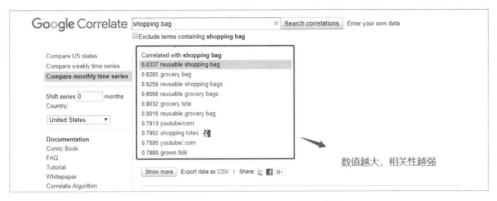

图 2-3　Google Correlate 搜索结果页

2．初步筛选关键词

通过以上方法搜集到关键词后，选出其中搜索次数较多的几十个关键词进行竞争热度对比，做初步筛选。以 KWFinder 为例。KWFinder 是一款非常实用的关键词工具，只需要邮箱就可以注册，每个 IP 每天可以进行 5 次免费搜索。首先进入 KWFinder 首页，输入搜索词（如 Shopping Bag），如图 2-4 所示。

图 2-4　KWFinder 首页

在图 2-5 所示的搜索结果页中，可以看到搜索的关键词和其他相关词的搜索趋势、搜索量、CPC（点击竞价）、PPC（广告竞争程度）和优化难度，点击具体的词，还能查看如页面右侧所示的单个词的具体信息。这些信息可以帮助用户简单、快速地找到高效能的关键词，缺点是免费版的搜索次数有所限制，多次查询则需要换 IP 或付费。

图 2-5　KWFinder 搜索结果页

3．确定核心关键词

从收集和筛选后留下的几十个或更多的关键词中确定核心关键词，需要结合网站的规模、预算成本（时间、金钱）及需求做出不同的选择。对于中小型企业或个人网站、初建的新站，以及预算成本有限的网站来说，核心关键词最好是效能最高的几个关键词，也就是搜索量大、竞争指数较低的几个关键词，这样既能从稳定的搜索量中获得足够的流量，又能兼顾可行性。对于资源丰富、有实力并且愿意投入的企业来说，可以选择相对精准且搜索量最高的几个关键词。如果实力不够却非要勉强去选择这类关键词，最后只会是浪费时间。

三、关键词的分布

核心关键词确认之后，需要合理地把这些关键词分布在整个网站上，让搜索引擎的蜘蛛能够简单明了地理解网站想要呈现的重点信息。

（一）关键词分布的方法

1．关键词分布的原则

金字塔形结构分布是搜索引擎优化中比较合理的整站关键词布局方法。

核心关键词一般位于金字塔尖部位，对首页进行优化时可以选择 3 ～ 5 个这类关键词，并将其整合到整个网站中。搜索引擎可能需要一段时间才能对这些核心关键词进行进一步的排名，但它们必须作为中长期目标，核心关键词的变动对网站权重影响极大。

次要关键词通常比主要关键词更具体，并且竞争力较低，一般位于金字塔的中部。例如，如果主要关键词是"中国 ×× 水杯供应商"，那么次要关键词可能是"中国 ×× 塑料水杯供应商"。主要关键词的基本构思仍然存在，但次要关键词更容易赢得靠前的排名。选择 3 ～ 5 个次要关键词并把它们放在每个类别或分类页面中。

长尾关键词位于金字塔的底部。长尾关键词通常是最能引来流量的关键词，它们更像句子而不是目标关键词。例如，上面的水杯供应商可能有一个长尾关键词"找便宜的塑料水杯供应商"，选择 4 ～ 6 个竞争较少的长尾关键词，并将其定位在具体产品（或者文章、新闻等）网站的终端页面。

2．关键词分组

虽然这些关键词都与网站有一定的相关性，但是由于关键词具有多样性，需要将这些关键词有逻辑地分组，每一组关键词分别对应一个类别或分类。例如，核心关键词是"雅思培训"，那么可能出现的次要关键词会有"雅思课程""雅思机经""雅思备考""雅思百科""雅思新闻"等，将这些关键词放在一级分类首页。而"课程时间""课程价格"等关键词都可以放在"雅思课程"这个二级分类下的文章页面。这样，整个网站的结构就会非常清晰，关键词也可以有逻辑性地分布，不仅用户浏览方便，搜索引擎也能更好地理解各个分类与页面内容的关系。

（二）关键词布局要点

在考虑关键词具体布局的时候，还要注意以下几点。

（1）每个页面选用的关键词不能过多，一般选用 3 ～ 5 个关键词即可，这样才能在创作页面内容时有侧重点。单纯地堆砌关键词并没有用，反而削弱了关键词和页面内容的相关性。

（2）为了避免内部竞争，不要让同样的关键词重复出现在多个页面上，以免被误解用多个页面优化同一个关键词，以提升关键词获得排名的概率。对于搜索引擎而言，无论这个关键词出现在多少个页面上，最终搜索结果页也只会显示最为相关的页面进行排序。同一个关键词出现在多个页面只会造成不必要的内部竞争，从而分散了内部权重及锚文字效果。

（3）关键词研究决定内容策略。从关键词布局来看，网站的内容策略在很大程度上是通过关键词研究来决定的。次要关键词帮助整理网站架构，每个版面对应一组明确的关键词进行内容组织，然后不断地用关键词制造内容，扩充网站。虽然网站规模与排名没有直接联系，但是内容越丰富，被收录后排名的概率越大。

（4）制作关键词表格，记录相关情况。制作关键词表格并入库，表格里需要记录搜索次数、目标 URL 等情况。网站的内容只会越来越多，关键词表格有助于相关人员查找信息及进行数据追踪分析。

四、次要关键词与长尾关键词

（一）次要关键词

次要关键词是介于核心关键词和长尾关键词之间的一类词，一般以短语形式出现，包括 2 ～ 3 个单词。这类关键词也有相当大的搜索量，虽次于核心关键词，但是也能带来大量的目标流量，甚至对网站和商业而言更具象。次要关键词的竞争度也较低，通常分布在各个栏目页面标题或分类的首页。比如，雅思培训网站中主目录栏的"雅思课程""雅思考试""雅思教材"等都是次要关键词。

（二）长尾关键词

1. 什么是长尾关键词

长尾关键词的"长尾"这两个字来源于著名的长尾理论（The Long Tail）。该理论最初由《连线》的总编辑克里斯·安德森（Chris Anderson）于 2004 年发表于自家的杂志中，用来描述诸如亚马逊、Netflix 之类网站的商业和经济模式。具体是指只要产品的存储和流通的渠道足够大，需求不旺或销量不佳的产品所共同占据的市场份额可以和那些少数热销产品所占据的市场份额匹敌甚至更大，即众多小市场汇聚成可产生与主流匹敌的市场能量。

在互联网领域，长尾效应尤为显著。例如，谷歌的大部分资金都来自小广告商（广告的长尾），通过克服地理和规模的限制，就像 Rhapsody 和亚马逊一样，谷歌发现了新市场并扩大了现有市场。这就是长尾的力量。

作为全球闻名的购物网站，亚马逊拥有超高的图书销售量。"搜索引擎指南"发现，亚马逊通过长尾搜索产生了 57% 的销售额。

图 2-6 所示为长尾示意图，曲线代表产品受欢迎的程度，纵坐标代表相应的销售量，横坐标代表产品的数量。从图中可以看到，最受欢迎的一部分产品的数量不多，但是销售量很大。长尾指的就是右侧的"长尾"，也就是单个产品需求和销售量都

很小的那一部分。长尾可以延长到接近无穷，虽然长尾部分的每个产品销量不多，但因为长尾很长，所以总的销量及利润可以与"主体"相媲美。这就是互联网的优势。

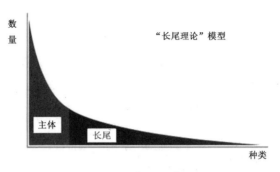

图 2-6　长尾示意图

较长的、比较具体的、搜索量较低的关键词就是长尾关键词。虽然单个长尾关键词的搜索量较小，但这类词的总体数量庞大，加起来的总搜索量可以带来非常可观的流量。大型网站长尾关键词的流量往往远超过核心关键词的流量，而且由于长尾关键词有着更为明确的搜索意图，转化率会更高，因此能帮助网站更加了解客户。从另一个角度看，长尾关键词竞争小，通常比较容易把排名提升上去，所以利用好长尾关键词是增加流量的关键之一。但是，长尾效应在小网站上较难发挥力量。因为小网站没有大量的页面做基础，无法有效吸引长尾搜索，需要做大量累积后才能更好地从长尾关键词中获取巨大收益。

2．怎样做长尾关键词

由于长尾关键词的量非常多，找到长尾关键词完全不是问题，而且一般不用刻意研究它们之间的差异，因为能够体现长尾效应的网站一般拥有几万个页面，几十万个长尾关键词几乎是"标配"。只要有好的网站结构和大量有效内容能够确保页面被搜索引擎收录，随着词库和网站规模的扩大，长尾关键词的排名自然会有所上升。

对于中小企业或个人来说，累积大量的内容并不是一件简单的事情，初期只能从产品或服务页面下手，从而较为迅速地累积页面。其次，可以转载一些相关的内容，但是高质量的原创内容始终是主要目标，如果不能带来好的用户体验，长尾关键词的无脑累积并没有意义。对于大型网站来说，长尾关键词的管理和保证页面收录才是关键点，这又关系到网站架构、整体权重等因素。

总而言之，不能一味地追求长尾效益，需要结合实际情况去做调整，但是长尾关键词能够带来好处是毋庸置疑的。

任务三 内容策略

搜索引擎的价值在于给用户提供一种方便、快捷、准确的网络信息服务，所以内容质量在搜索引擎对于网站权重的算法中占了很大的比重。在当今这个信息流量爆炸的时代，高质量的内容能带来大量的流量，"内容为王"的概念早已深入人心。如果网站没有高质量的内容却把排名做到了前面，那么这样的网站是留不住访客的，最终会被搜索引擎淘汰。因此，如何创作出高质量的内容一直是搜索引擎优化的关键点。

一、内容建设的原则

搜索引擎的权重算法一直在更新，目前谷歌算法中有 200 多个相关因素，几乎没有人能够完全地找出它们。那么运营人员应该怎样去做内容优化呢？从创建谷歌至今，搜索引擎一直以提供最佳的用户体验为中心任务，内容建设的 4 个原则也由此而生，具体如下。

1. 原创性

原创内容对搜索引擎优化很重要。谷歌的使命是"整合全球信息，使人人皆可访问并从中受益"。因此，为了让谷歌对网站的内容进行收录并好评，应该为网站的受众撰写一些可访问且有用的内容。这些内容要有特定的主题，而且是其他文章、网站或平台无法提供的内容。同时，搜索引擎也更倾向于抓取新的内容，原创能保证信息的新鲜度，更容易被抓取。如果被发现采集作弊或发布违规信息，则会导致整个网站的权重下降。原创内容中提供的细节和真实度也非常重要。

2. 相关性

相关性是指网站内容要与网站的主题相关，提供给搜索引擎收录的也应该是对提高网站核心价值有帮助的内容，不可脱离主题。如果网站出现了与主题不符的内容，则会大大影响网站的专业性，不仅会让用户产生不信任的观感、影响用户体验、不利于品牌形象的建立，也迟早会被搜索引擎发现，这样的作弊行为会使网站受到惩罚。就算短期内引来流量，这些流量也不会被转化，纯属无效流量。

3. 适用性

适用性是指用户能够在网站上找到可以受益的信息，并且能够产生积极效果。

这里的适用性包括了实用性和娱乐性，两者皆有利于提升用户体验。内容建设的"黏性"也有利于提高用户的活跃率和稳定性。适用性的基础前提是可读性，无论主题有多好，都必须写得有趣且易懂。

4．实时性

网站的内容需要定期更新，并且及时提交给搜索引擎收录。搜索引擎提供的信息保证了解决用户当下搜索的问题的即时性，结合热门话题的内容会带来很多流量，用户最乐意转发和分享的也是新鲜的资讯。访客对那些长期不更新内容的网站往往缺乏信心，严重影响网站与用户之间的"黏性"。

二、内容质量的衡量标准

网站优化效果的实现通常是需要一定时间的，那么，其内容质量衡量的标准又是什么？可以从以下 5 个方面进行考量。

1．网页打开速度

数据显示：如果完全加载需要 3 秒以上，则 40% 的用户会放弃网页；47% 的最终用户希望在 2 秒或更短的时间内打开网页。

自 2010 年以来，网页打开速度一直是影响网站排名的重要因素。如果加载时间超过 2 秒（这是站点的标准加载时间），那么应该采取措施来改进它。首先应当对网站进行整体检测，如服务器、网站架构等因素。除此之外，页面内容本身也需要考虑，是否放置了过多的图片或视频，这往往也是单个网页加载速度过慢的原因。要知道访客注意力集中的时间很短，无论是多么有用且有趣的内容，因为过长时间的加载而让他们选择离开，那么就是非常糟糕的用户体验了。

2．吸引人的标题

即使页面的内容很有价值，但如果标题平淡无奇，那么点击率就会很低。从平均阅读用户来看，阅读标题的人数是阅读正文人数的 5 倍，由此可见标题的重要性。通常而言，当网站排名为搜索结果页前十时，如果有一个非常吸引人的标题，那么其是排名第一还是排名第四并不重要，因为用户仍然会选择继续访问该网站。

3．内容

内容本身是网站优化文章的重要元素。人们在搜索引擎中进行搜索是为了寻找有用的内容，而搜索引擎也以实时的内容为基础，这就是网站需要不断更新内容的原因。如果网站想要在搜索引擎中排名靠前，则必须定位关键词。这里通常指长尾关键词，但也要避免单纯地填充关键词或过度优化，最好将关键词放在标题中，但要确保用户能够顺利阅读。

谷歌熊猫算法 4.1 更新旨在惩罚内容低质的站点（字数过少或无用的内容）。典型的文章应至少为 1000 字，但这并非全部都与文章长度有关，因为它并不仅是字数堆积。每一篇文章的内容都必须和网站有相关性，去了解、研究网站的目标受众，才能专注于他们正在努力解决的特定问题，然后用含有长尾关键词的文章为他们提供答案或参考。这是搜索引擎优化结合文案的最好内容。

4．元描述

是否有在网页内容中使用元描述来引导搜索引擎收录内容，这也是一个关键点。元描述有助于搜索引擎和用户了解主题是什么，以及为什么目标关键词和短语会不断出现在内容中。当人们搜索与网页相关的关键词时，谷歌会将网页上的元描述和标题一起展示给用户。无论文章在搜索结果中的排名有多高，元描述都将决定其是否能够获得点击。元描述是 Meta Description 的中文译名，属于元标签的一部分，它所展示的内容如图 2-7 所示。

图 2-7　元描述

5. 合理数量的内链和可信的外链

无论是添加内链还是外链，都是有助于提高搜索引擎抓取、改善用户体验、增加用户体验，进而提高流量的方法。但是要注意不能生搬硬套，还要注意链接的相关性和添加方式是否会影响内容的可读性。

三、内容的制作

（一）搜索引擎优化内容策略

1. 定制目标

首先，思考企业想要通过网站获取什么样的效益，是希望通过网站来推动销售、扩大品牌认知度还是加深品牌影响力。这将决定运营人员应该关注哪些类型的内容。

尽管大多数人认为，无论是扩大品牌认知度还是加深品牌影响力，其最终目的都是销售，并且从最终结果来看确实如此，但目标是分短期和长期的，而且需要量化，如几个季度内增加多少的流量、销售、收入等。这和商业策略一样，在不同的阶段会有小目标，那么这段时间的侧重点就在这个目标上，一步步分解目标，做好过程。

比如，现阶段的主要目标是推动产品销售，那么运营人员的主要关注点应该是针对搜索和转化进行优化具有吸引力且信息丰富的产品页面；次要关键点可能是有用的百科型内容，说明何时以及如何使用产品或描绘产品的应用场景，链接到相关的页面。如果网站采用展示模式，目标是通过搜索吸引新客户，那么就需要更专注于内容。例如，信息丰富或娱乐性强的长篇文章通过这些有"黏性"的内容让访客在网站停留更长的时间和鼓励他们再次访问。

总之，一旦设立好目标，所有的内容都要围绕这个目标来展开。

2. 调研目标受众

网站的客户是谁？是年轻女性？是白领工作者？还是学生们？其实这些都是比较宽泛的定义，越精准的客户描述，越能帮助网站引来理想客户。从目标受众角度换位思考，挖掘他们可能寻找的内容。

例如，如果运营的 B2B 网站面向的是采购商，那么就应该创建更为专业的内容。如果希望吸引的目标受众是青少年，则需要专注于频繁更新，图片和视频会比文字更有吸引力，还需要确保网站针对移动设备使用进行了优化。

客户画像的构成因素包括：

（1）用户的位置；

（2）人口统计学因素（年龄、性别、家庭成员等）；

（3）职位，收入及其他行业背景；

（4）兴趣爱好；

（5）行为特征（如周末喜欢干什么、线上和线下会购买什么产品、经常出差等）。

对于更多有关目标受众的信息，可以通过尝试收集当前客户的反馈来分析。例如，客户会回复的内容类型及其最迫切的需求，以及挑战、信息来源和行为激励因素等信息。

3．创建编辑日历

一旦确认了目标受众，就可以开始制订计划。优化网站是一件烦琐且需要长期坚持的事情，需要不断地分析、跟踪数据及更新优化内容。所以，应建立时间表用于指定何时发布新内容及将要发布的内容类型，这样将有助于合理安排时间和任务，防止在最后一刻手忙脚乱。

这里列出了有关创建时间表的一些建议：使用 Outlook（或 Google 日历），可以与整个营销团队共享编辑日历；为作者设置提醒，以便其在截止日期即将到来时收到通知；不要制订太长远的计划，由于营销目标、预算或人员的变化，日历经常会在一两个月后有所变动，特别是不要试图计划明年的时间表，避免浪费时间和精力。

4．分析并重新评估

最后，需要对网站的数据随时跟踪、分析和评估。定期分析网站内容，查看哪些有效、哪些无效。衡量标准应包括页面浏览量、链接、评论、社交分享等因素，以及最终转化率的变化。重复这些步骤，随时加以调整，无论是内容形式还是时间安排，都应从有效的结果里提取成功的因素，可以花更多的时间来创作能带来流量的内容，舍弃或改进那些无效的内容形式。

（二）内容制作

在正式开始制作内容前，必须确认已经做好了内容策略。内容制作主要包含以下几个步骤：确定内容类型、找出创建该内容所需的内容、进行搜索引擎优化。

1. 确定内容类型

首先，确定长尾关键词，即内容的主题，需要合理地结合季节性和时事话题。考虑需要创建的内容类型，最好可以分享到社交平台，以提高用户的参与度和覆盖面。例如，文字类是最常见的类型。有数据表明，用户非常喜欢"How-to"主题的文章。运营人员也可以把作为核心的长尾关键词输入谷歌搜索框，去参考排名靠前的内容，从而找到思路。

其次，可视性内容。例如，图片或视频营销也是常用的内容类型，因为它们可以更直观地展示产品及过程，增加用户在网页的停留时间，提高潜在客户的转化率并减少网页的跳出率。当然，确定内容类型时也应根据需求结合各种类型，尽量让内容变得有趣。

2. 找出创建该内容所需的内容

首先，需要确定一个有吸引力的标题。例如，含数字的标题是搜索引擎中高点击率的标题之一。

案例1：原始标题——保护视力的台灯选择，优化标题——选择护眼台灯的7个关键点。

案例2：原始标题——买什么基金赚钱，优化标题——如何靠基金投赚1000万元。

注意：如果希望在搜索引擎结果中显示整个标题，请将其控制在72个字符以内。这样也会提高网页的点击率。

网上也有许多工具可以帮助拓展思维，对标题进行评分。例如，Answer The Public，一个免费的标题生成网站。在图2-8所示的搜索框内输入作为主题的长尾关键词，如"material of water bottle"，网站就会给出很多参考标题（见图2-9）。商家可以根据需求从中选择相关性最强和最吸引人的标题。同样的句型也可以套用到其他长尾关键词主题上，文案的创作需要不断地总结，这样才会进步。

图 2-8　Answer The Public 首页

图 2-9　Answer The Public 搜索结果页部分

3. 进行搜索引擎优化

最后，进行搜索引擎优化。通过图 2-10 所示的谷歌搜索结果页中的 Title、Meta 标签等的展示位置，可以看到搜索引擎优化对排名展示的重要性。

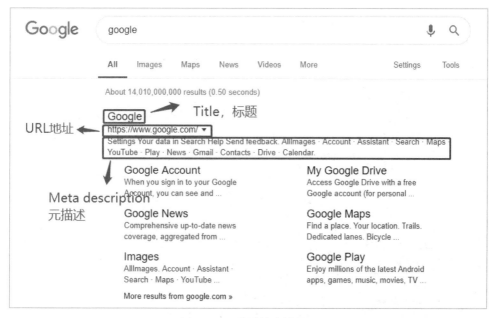

图 2-10　谷歌搜索结果页

⚡ 项目小结

通过本项目的学习，学生对搜索引擎优化有所认知。理解搜索引擎优化的定义、作用和方法；知道关键词的作用和分类，能够创建整站关键词的列表、确定核心关键词及整站关键词的布局；了解内容建设的策略、衡量标准和制作流程，帮助人们根据具体情况对网站做出合理判断，并进行网站优化。

项目三

搜索引擎营销

　　谷歌是全球最大的搜索引擎，也是很大的营销平台，不少外贸网站、B2B平台都在谷歌上做推广和优化排名，希望排名能靠前从而获得更多的流量。卖家想要转型升级，就要摒弃传统观念、紧跟互联网潮流。做跨境电子商务需要了解目标客户的消费习惯，可以利用谷歌制定全面的营销方案并进行推广、营销。

🛒 学习目标

知识目标

1. 了解什么是搜索引擎营销；

2. 知晓 Google Ads 的工作原理；

3. 了解 Google Ads 的广告类型及账户结构；

4. 了解搜索广告的创建要求及类型；

5. 熟悉谷歌在线广告投放操作的流程。

能力目标

1. 掌握搜索广告策略，能够独立制作广告和广告系列；

2. 能够独立创建广告系列和广告组，制作文字广告，创建自适应搜索广告，创建附加信息；

3. 能够利用"关键字规划师"查找和添加关键词。

🔍 项目概述

　　谷歌是全球最大的搜索引擎，每天都有很多人用谷歌查找信息，所以，卖家在谷歌投放的广告就很有可能被潜在客户看到，这会让产品获得更多的流量和曝光，从而被更多的人关注，这就是营销出彩的效果，所以不少跨境电子商务企业做推广时都会选择谷歌。Google Ads 是谷歌的在线广告计划，可以用来覆盖新客户和发展业务。好的产品自然会形成口碑效应，然而谷歌广告能够以"短、平、快、吸睛"的特点快速吸引客户或买家的注意。那么，如何利用谷歌进行搜索引擎营销呢？本项目将介绍搜索引擎营销，然后讲解谷歌的在线广告计划 Google Ads 的相关知识和技能。

🔧 任务分解

　　本项目分 4 个任务讲解搜索引擎营销，包括什么是搜索引擎营销、Google Ads 在线营销、搜索广告的创建要求及类型、谷歌在线广告投放操作，使学生通过学习能够利用 Google Ads 实现在线营销。

任务一 什么是搜索引擎营销

搜索引擎营销是基于搜索引擎平台的网络营销，利用人们对搜索引擎的依赖和使用习惯，在人们检索信息的时候将匹配信息传递给目标用户。搜索引擎营销的基本思想是让用户发现信息，并通过点击进入网页，进一步了解其所需要的信息。企业通过搜索引擎付费推广，增加与用户的接触机会，从而获得商机。

一、搜索引擎营销与跨境电子商务

搜索引擎营销是跨境电子商务卖家常用的营销手段，特别是独立站卖家。独立站拥有一级域名及入站后跳转低流失率的特性，搜索引擎营销是独立站卖家广泛应用的获客渠道。近些年来，B2B卖家也开始广泛进入搜索引擎营销领域。

在各搜索引擎中，谷歌搜索引擎营销具有强大的优势。2017年前，YAHOO、Bing也是少部分广告主的选择渠道，但由于搜索引擎的发展竞争关系，近些年，广告主们的营销主力端口逐渐聚拢到谷歌搜索引擎营销。

提起谷歌搜索引擎营销，"Google Ads"广为大家熟知，其中文含义为谷歌关键词，是通过使用谷歌关键词广告或谷歌遍布全球的内容联盟网络来推广网站的付费网络推广方式，可以选择包括文字、图片及视频广告在内的多种广告形式。谷歌搜索引擎广告也称谷歌在线广告。

二、搜索引擎营销广告

（一）搜索引擎营销广告与"自然"搜索结果

假设广告主使用谷歌的在线广告计划Google Ads投放了广告，以推广产品或服务，当用户在谷歌上搜索与业务相关的关键词时，广告主所投放的广告就可能出现在谷歌搜索结果页的顶部或底部，并带有广告标签。广告的展示位置主要取决于广告与用户所搜索信息的相关度、实用性、出价及其他因素。

搜索结果页上的其他部分会显示自然搜索结果，这些是非付费的网站链接，其内容与用户所搜索的信息有直接关系。网站与搜索关键词的相关度越高，链接在结果中的显示位置就越靠前。广告主的相关网站可以显示在此处，但广告不能。

（二）搜索引擎营销广告常见认知误区

误区 1：在线投放广告能够提升网站在自然（非付费）搜索结果中的显示位置。

不正确。投放在线广告不会对网站在自然搜索结果中的显示位置造成任何影响。自然搜索结果取决于网站与用户所搜索信息的相关程度。网站与用户所搜索的关键词的相关度越高（另外还会考量其他因素），链接显示在搜索结果中的位置就越靠前。

误区 2：在线广告对最低预算有要求。

不正确。Google Ads 对在线广告的最低预算没有任何要求。不过，从经验来看，仍建议新广告主开始时先将平均预算设置为每天 50～500 元，让其在推广告有更多的机会展示给潜在客户。

投放广告时，由广告主自己决定愿意支出的金额，并据此设置预算。这样，即使有些企业的广告预算有限，也可以畅享在线广告的种种益处。

误区 3：利用在线广告，可以定位到理想的目标客户，并滤除广告主不希望覆盖的受众群体。

完全正确。使用 Google Ads 投放在线广告时，可以使用不同的定位方式吸引正在搜索产品或服务的潜在客户。这样可以确保广告主的每一分广告费投入都"花在刀刃上"，仅用于覆盖最有可能成为企业客户的那些用户。

如果广告主在谷歌搜索网络的搜索结果旁边展示广告，那么可以选择关键词定位方式，将广告展示给正在搜索相关关键词的用户，同时，广告主还可以选择在一天的特定时段展示广告，并指定地理位置和语言。

如果广告主在谷歌展示广告网络（展示谷歌广告的网站）上投放广告，那么可以选择要覆盖的用户的年龄、访问的网站类型及感兴趣的领域，进一步细化定位条件。

误区 4：广告主可以通过付费使广告显示在自然搜索结果中靠前的位置。

不正确。谷歌上的广告只能显示在搜索结果页的顶部或底部，并带有广告标签，绝不会显示在自然搜索结果之中。图 3-1 所示为搜索引擎营销广告的展示位置。

图 3-1 搜索引擎营销广告的展示位置

广告主愿意为广告支付的金额可以影响广告在用户搜索特定关键词时与其他广告的相对展示位置。但是，广告主支付的费用不会影响用户搜索生成的自然搜索结果。

（三）投放搜索引擎营销广告的主要益处

1. 控制预算

投入多少资金完全由广告主自己决定，且只有当用户点击广告时，广告主才需要付费。

2. 对广告效果了如指掌

广告主可以快速监测广告效果，轻松做出调整来改善成效。

3. 扩大覆盖面，影响力广

无论客户使用的是计算机、平板电脑还是手机，只要在应用中，广告主都能与客户进行沟通、互动。

4. 根据广告主目标量身打造广告

充分利用不同的广告格式和功能，根据广告主的各种业务目标定制广告。例如，给广告添加可点击的致电按钮，以此吸引更多来电，或者借助视频广告来展现品牌风采。

任务二 Google Ads 在线营销

前面介绍了谷歌搜索引擎营销的基本知识和益处，企业可以对自己的网站进行评估，适时投放在线广告。接下来介绍谷歌的在线广告计划 Google Ads。

Google Ads 是一种通过使用谷歌关键词广告或谷歌遍布全球的内容联盟网络来进行推广的付费网络推广方式，谷歌会根据用户点击广告的次数或广告展示次数向广告主收取相应的费用。

一、Google Ads 广告类型

Google Ads 可以投放 5 种类型的广告，包括搜索广告、购物广告、展示广告、视频广告、应用推广广告。

1. 搜索广告（Search）

搜索广告是指用户进行搜索后才能展示的广告，通过广告语或关键词吸引用户点击。当用户进行关键词搜索时，能够在谷歌搜索结果、谷歌合作伙伴的网站上看到相应的文字广告。文字广告可设置为仅出现在搜索引擎中，也可以设置为同时出现在 Ads 搜索联盟网站上（谷歌合作伙伴）。

2. 购物广告（Shopping）

购物广告是指将包含产品名称、图片、价格等信息的广告展示在用户搜索结果中的广告。需要特别注意的是，广告主需要设置 Google Merchant Center 账户，并将其与 Google Ads 账户绑定之后，才可以进行购物广告的投放。

3. 展示广告（Display）

展示广告是指向广告主设置的特定目标群体或网站进行广告展示的广告。展位广告可以设置为图片广告、Gmail 广告、图片广告、自适应广告等。

4．视频广告（Video）

视频广告是指在整个谷歌展示广告网络（包括 200 万家网站，覆盖全球 90% 以上互联网用户）或 YouTube 上展示视频的广告。

5．应用推广广告（Universal App）

应用推广广告是指吸引用户下载使用 App 的 App 推广类型的广告。广告主只需要提供文字，设置好广告出价和预算，并做好语言和地理设置。

在广告投放过程中需要特别注意的是，实际出价等于排名比你低一名的人的最高出价乘以他的质量分数与你自己的质量分数的比值，即实际广告词出价和排名在你之后的人的最高出价及其质量分数相关。因此，优化账户是谷歌广告营销的重要技能之一。

二、Google Ads 的工作原理

当用户搜索与广告主的产品或服务相关的关键词时，或者当用户所访问网站的内容与广告主的业务相关时，广告主的广告就会展示在他们面前。这是如何实现的呢？

输入的标题和广告内容描述越多，Google Ads 就越有机会投放与潜在客户的搜索内容更为贴近的广告，进而提升广告主的广告效果。

（一）关键词匹配：企业与客户间的桥梁

关键词是指在设置 Google Ads 广告系列时选择的词或词组，也就是广告主认为的潜在客户在搜索与其所提供产品或服务类似的产品或服务时可能使用的词或词组。将关键词与广告匹配起来后，当用户搜索类似关键词或访问包含相关内容的网站时，该广告就会展示出来。

例如，如果广告主是婚纱礼服在售网站，则可以将"婚纱""礼服"作为关键词，并将其与宣传婚纱礼服的广告进行匹配。当用户在谷歌上搜索"婚纱""礼服"等关键词或类似关键词时，广告就有可能展示在谷歌搜索结果旁边，或者展示在与婚礼、晚宴有关的其他网站上。

（二）广告评级因素

每当用户在谷歌中搜索信息或访问展示广告的网站时，系统就会以极快的速度进行一次广告竞价。

Google Ads 为参与竞价的每个广告计算出一个分数，即广告评级。广告评级决定了广告排名及该广告是否有资格展示。一般而言，广告评级最高的广告会展示在首位，广告评级第二高的广告会展示在第二个位置（前提是广告达到相关门槛）。

广告评级一般由以下 5 个因素共同决定。

（1）出价：设置出价实际上是在告诉大家广告主愿意为每次广告点击支付的最高金额，最终实际支付的金额通常会低于设置的出价金额，并且广告主可以随时更改自己的出价。

（2）广告和着陆页的质量：Google Ads 还会分析对于即将看到广告的用户来说，该广告及其链接到的网站的相关程度和实用性如何。广告质量的评估会以摘要形式显示在综合质量得分中，广告主可以通过 Google Ads 账户中监控并设法提高广告的质量得分。

（3）广告评级门槛：为确保提供高品质的广告，Google Ads 设定了最低门槛，只有达到该门槛的广告才能展示。

（4）搜索情境：在广告竞价中，情境非常重要。在计算广告评级时，Google Ads 会分析用户输入的搜索关键词、用户搜索时所处的地理位置、使用的设备类型（如计算机或手机）、网页上显示的其他广告和搜索结果，以及其他用户信号和属性。

（5）广告附加信息及其他广告格式的预计影响：制作广告时，可以选择为广告添加其他信息，如电话号码，或者指向企业网站特定网页的更多链接。此类信息称为"广告附加信息"。Google Ads 会估算广告主使用的附加信息及其他广告格式将如何影响广告的效果。

三、广告付费

当广告主投放按点击付费的广告时，广告主仅在用户足够感兴趣并且点击广告和访问企业的网站后才需要付费。广告主需要在 Google Ads 设置出愿意为每次广告点击支付的最高金额（称为"每次点击费用的最高出价"），但最终实际支付的费用可能要低于此金额。

　　Google Ads 预算由广告主自己掌控，广告主决定每天希望花费的平均金额。如果其广告在某些日子更受欢迎，则 Google Ads 允许在企业平均每日预算的基础上将金额最多提高两倍，以免错失宝贵的用户点击。但是，在一个月中，广告主需要支付的费用不会超出平均每日预算与每月平均天数的乘积。

　　需要注意的是，对于在月中暂停或因为其他原因而未能整月投放的广告系列，其平均每日预算与总费用可能不一致。同时，对于按转化次数付费的广告系列，每日支出可能达到平均每日预算的 2 倍以上。

四、Google Ads 账户结构

　　建立一个成功的 Google Ads 广告账户就像建房子一样。Google Ads 广告账户结构可分为 5 个部分。

　　（1）活动水平：奠定基础；

　　（2）广告组级别：建造房屋；

　　（3）关键词选择：室内装饰；

　　（4）广告文案：外观设计；

　　（5）广告附加信息：添加后院池。

Google Ads 账户结构如图 3-2 所示。

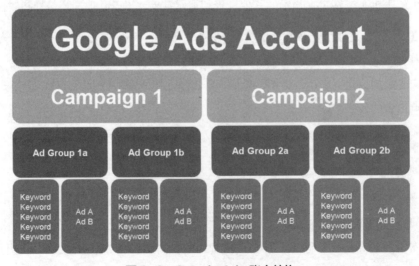

图 3-2　Google Ads 账户结构

一般来说，广告活动（Campaign）层次是产品（或产品类别），广告群组（Ad Group）层次是产品不同搜寻的模式（或产品），每个群组内就是几个非常相关的关键词，以及与群组内关键词密切相关的文案。这样就可以把关键词分门别类，把最相关的关键词一起放在同一个群组内，确保把与搜索最相关的文案展示出来。

五、选择适合的在线营销方式

使用 Google Ads 投放广告，就相当于为自己的业务投资。但要取得理想成效，光投入资金还不够，还需要投入时间来定期检查 Google Ads 账户的情况并做出调整，直到对投资回报率感到满意为止。

下面介绍如何管理 Google Ads 账户。如果广告主觉得自己无法投入必要的时间或预算来管理 Google Ads 账户，那么该如何合理使用谷歌在线营销的其他服务方式呢？

（一）自主打理

广告主需要确保每日至少应该登录一次 Google Ads 账户，在账户中花费的具体时间会有所差异，但每天都需要花费一定的时间来检查广告和关键词的效果，并做出调整来提升效果。

（二）让智能广告系列代劳

业务管理已成为一项全职工作，而谷歌智能广告系列能够自动为广告主管理在线广告，确保广告主的预算发挥最大效用。广告主只需要提交其所提供的产品或服务介绍、撰写广告并设置预算，其余的事项都将由智能广告代为完成。

（三）聘请获得相关经验认证的专业人员来帮助管理账户

广告主可以聘用谷歌合作伙伴来帮助广告主管理 Google Ads 账户，Google 合作伙伴存在于谷歌业务的各个大区，他们是已经获得谷歌相关认证并可以胜任 Google Ads 账户管理工作的代理机构、营销专家和在线专家。全世界有数千位谷歌合作伙伴，广告主可以根据姓名、所在的位置、广告预算或所需服务类型来搜索合作伙伴。

任务三　搜索广告的创建要求及类型

一、搜索广告系列策略

如今，人们比以往更快做出决定，因此在关键时刻通过针对性强的信息吸引潜在客户尤为重要。要成功设置搜索广告系列，需要遵循以下 3 点。

（一）为每个广告组制作至少 3 个广告，并优化这些广告的展示方式

更优质的广告和经过优化的轮播设置可以帮助文字广告吸引更多有转化希望的点击。这是因为 Google Ads 系统会将最具相关性的广告展示给在谷歌上进行搜索的用户。每个广告组都应该至少包含 3 个优质广告。这样，系统就可以优化广告效果，并且可以查看效果数据，从而了解什么样的广告内容最能打动企业的受众群体。

为建立良好的账户结构，广告主必须制作非常具体的广告组。例如，如果企业销售美食，则企业需要为其供应的不同食物制作不同的广告组，爱吃曲奇饼干的人更有可能点击宣传曲奇饼干的广告，而非一般的食品广告。具体程度和细节让广告更具相关性，广告的相关性越高，质量通常也会越高，在广告竞价中的表现就越好，并且会带来更多转化。

（二）添加至少 4 条附加信息以提升广告效果

如果在谷歌上进行搜索，并且看到带有致电按钮、附加链接、地址或其他附加信息的广告，那么用户所看到的就是广告附加信息。附加信息丰富了广告内容，使广告更加出色，给用户更多理由直接通过广告采取操作，对广告取得成功的重要性不亚于广告本身。

在制作广告系列时，可以免费添加附加信息，而且这些信息通常能够提高广告的点击率和质量。附加信息仅在预计可改进广告效果（如增加网站的点击次数）时才会展示。因此，为了从所投放的广告系列中获得最大价值，广告主需要在账户或广告系列中添加至少 4 条不同的附加信息。

建议添加以下 3 种附加信息：附加链接、宣传信息和结构化摘要。

（1）附加链接：将用户引导至网站上的具体网页，如店铺营业时间页面、具体产品页面等。当用户点击或进入链接时，便会直接跳转到他们想要了解或购买的产

品所在网页。为提高附加链接随广告一同展示的概率，请至少添加4个附加链接。

（2）宣传信息：为广告主提供了更多空间来添加文字。当用户查看带有宣传信息的广告时，会发现广告内容更加丰富，其中包含有关广告主的业务、产品和服务等更多详细信息。为提高宣传信息随广告一同展示的概率，请至少添加4条宣传信息。

（3）结构化摘要：通过在广告中突出产品和服务的具体特点来吸引用户。结构化摘要会以标题（如"目的地"）和列表（如"夏威夷、哥斯达黎加、南非"）的形式显示在广告文字下方。

除了上述3种核心附加信息，根据投放广告的主要目标，也可以添加对业务有用的其他任何附加信息。

（三）查看广告效果并做出改进，确保广告没有错失良机

在制作了3个广告及相应的附加信息并设置了经过优化的广告轮播后，可以先投放一周，然后实时查看广告效果。广告主应如何判断自己的广告是否捕捉到了对业务最重要的时刻呢？

1. 了解错失的时刻

要注意广告有资格展示却未能获得展示的那些时刻。展示次数份额显示广告本来可以展示但未能获得展示的次数（由于预算、出价或质量限制），展示次数份额越高越好，较高的展示次数份额意味着广告没有受到过低的预算或广告评级的限制。

2. 捕捉错失的时刻

想要更频繁地展示广告，需要增加预算、提高出价，或者提高广告质量和改善着陆页体验。

（1）预算：当预算受限时，广告的展示频率可能无法达到广告主的预期，或者可能根本不会展示。通过错失的展示次数份额（预算）指标可以了解如何让广告吸引更多用户，以及如何让更多符合要求的用户看到该广告。

（2）广告评级：广告的展示次数和排名也可能因为广告评级过低而受到限制。要增加广告的展示次数，或通过提高广告排名来获得更多点击，需要提高广告和网站的质量，或者提高出价。广告主可以采取以下措施：制作更优质的广告；改善着

陆页体验；提高出价或调整出价类型。如果广告主已设置转化跟踪，建议使用"尽可能提高转化次数"出价策略来增加转化次数，或者尝试"尽可能争取更多点击次数"来增加网站的点击次数。

二、制作广告和广告系列

（一）文字广告与加大型文字广告

1. 文字广告

在文字广告中，广告主可以添加第三个标题；添加第二条广告内容描述；在每条广告内容描述中最多输入 90 个字符。

搜索网络上的文字广告展示在谷歌的自然搜索结果的上方和下方。此类广告由以下 3 个部分组成：标题文字、显示网址和广告内容描述文字，具体如下。

（1）标题：用户最有可能注意到的就是广告标题文字，因此广告主需要考虑加入用户可能在谷歌搜索框中输入的关键词。文字广告包含 3 个标题，在每个标题中最多可以输入 30 个字符来宣传企业的产品或服务。标题用竖线"|"分隔，可能会根据用户在查看广告时使用的设备以不同方式展示。

（2）显示网址：通常采用绿色字体显示广告主的网站地址。该显示网址由最终到达网址的域名和可选"路径"字段中的文字组成。这些字段的作用是帮助那些看到广告的用户更好地了解他们在点击广告后会进入哪个网页，路径文字不一定要和显示网址的语言完全一致。

（3）广告内容描述：利用广告内容描述字段突出产品或服务的细节。建议加入"号召性用语"，也就是希望用户采取的行动。比如，购物网站可在广告内容描述中加入"立即购买"。如果是提供服务的网站，则可以加入"立即在线获取报价"或"查看定价"等内容。

2. 加大型文字广告

在加大型文字广告中，长度限制对所有语言而言都是一样的。在计算长度限制时，韩语、日语或中文等全角字符语言中的每个字符会算作两个字符，而不是一个。在广告中使用特殊字符时，大多数非英语字符（包括腭化符号、曲音符号和变音符号）

都可以在广告中（包括在显示网址中）正确显示。

在加大型文字广告中，广告主有更大的空间来向用户传达信息。广告主可以添加第三个标题、添加第二条广告内容描述，以及在每条广告内容描述中最多输入 90个字符。

例如，图 3-3 所示为一则加大型文字广告，其中包含可选的第三个标题和第二条广告内容描述。

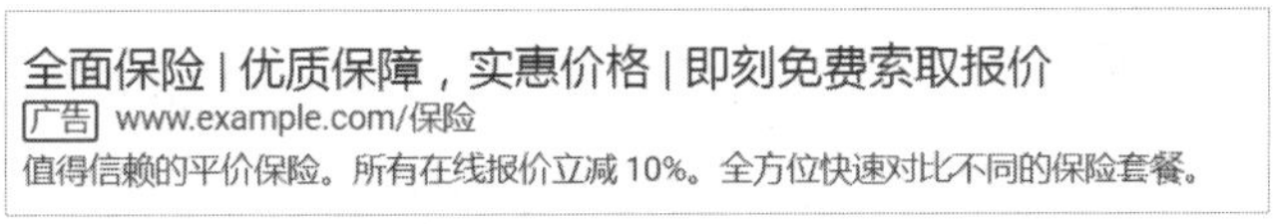

图 3-3　加大型文字广告

当广告主开始使用新的可选字段时，可以试着为现有的文字广告添加第三个标题和第二条广告内容描述。例如，如果该广告主是一家零售商，所用的两个标题分别显示了自己的品牌名称和官方网站，那么还可以添加第三个标题来显示送货服务细节、特惠活动信息或鼓励用户出手购买产品或服务的号召性用语。

加大型文字广告与文字广告类似，但两者也有一些重要的区别：加大型文字广告有 3 个标题字段。前两个标题字段为必填字段，而第三个为可选字段。由于多了一个标题字段，因此可以在广告中加入更多的文字。每个标题最多可以输入 30 个字符，这些标题会并排显示，中间用竖线 "|" 隔开，标题展示可能自动换行，从而显示为两行，具体取决于潜在客户的屏幕尺寸。在宽屏移动设备上，第三个标题的展示频率会相对较高。

加大型文字广告还有两个广告内容描述字段，每个字段最多可输入 90 个字符，让广告主能够更好地控制广告所传达的讯息。

显示网址的域名根据最终到达网址的域名而定。Google Ads 会使用最终到达网址中的域名，并将其作为广告的显示网址。例如，如果广告主的最终到达网址是 www.example.com/outdoor/hiking/shoes，则广告的显示网址就会显示为 www.example.com。

显示网址可包含两个可选的"路径"字段。广告主可以将显示网址与最多两个新增的可选"路径"字段组合起来，这些字段会附加到网站域名之后构成显示网址，因此可以在这些字段中添加含义明确的文字，让看到广告的用户更清楚点击该网址后会前往何处。广告主在路径字段中输入的文字可以不是网站网址中的内容，但应该与着陆页上的内容相关。例如，如果广告主的最终到达网址是 www.example.com/

outdoor/hiking/shoes，那么可以在路径字段中输入"远足"和"鞋子"这样的文字，这样一来，广告的显示网址就为 www.example.com/远足/鞋子。

加大型文字广告针对移动设备进行了优化。在制作加大型文字广告期间，可以即时看到广告在桌面设备和移动设备上的预览效果图。

加大型文字广告可在谷歌搜索网络和谷歌展示广告网络中投放。广告附加信息（包括自动添加和手动添加的附加信息）也完全适用于加大型文字广告。

（二）撰写文字广告

为了有效地吸引潜在客户，文字广告应该明确具体、内容相关、有吸引力和感染力。那么，应如何撰写成功的文字广告，以及避免常见错误呢？

1. 重点强调产品的与众不同

比如：免费送货、品种繁多。展示出更具竞争力的产品、服务或优惠。

2. 包含价格、促销优惠和独家特色

用户经常使用谷歌搜索网络来帮助自己做出决定，网站可以适时地向用户提供做出决定所需的信息。比如，推出限时折扣或备有独家产品，包含价格、促销优惠的信息等。

3. 鼓励客户采取行动

比如，网站在销售某种产品，将用户可以购买的东西告诉他们；网站可以提供某种服务，告诉用户如何取得联系。利用号召性用语明确表达接下来可以采取的行动，如"购买""立即致电""订购""浏览""注册"或"询价"等。

4. 至少包含一个关键词

广告文字中的关键词可以体现广告与用户期望的产品、服务之间的相关性。比如，如果网站已经将"数码相机"指定为关键词，则可以将"购买数码相机"作为广告标题。

5. 确保广告内容与着陆页匹配

检查广告链接到达的目标网页（着陆页），并确保其中包含广告所宣传的内容或产品。如果用户没有找到他们所期望的信息内容，就可能离开网站。

6. 吸引移动端用户

在移动设备上看到广告的用户可能更希望了解广告主所在的地理位置，或者拨打联系电话。广告主可以使用附加地址信息和附加电话信息来显示地理位置和电话号码。此外，还可以考虑为移动端用户制作专门的广告，将企业的移动版网站作为着陆页，并且推出适合移动端用户的特殊优惠活动。这里需要注意，文字广告在移动设备上显示时，外观可能有所不同，在此之前需要测评网站在移动设备适用性和速度方面的得分，并了解如何改善网站。

7. 检查常见的广告文字错误

为确保所有广告的高质量，每一个广告都必须达到较高的专业标准和编辑标准，也就是说，广告中不得包含多余的空格、奇怪的大写形式或不清楚的网址等。

（三）关键词插入功能

通过关键词插入功能可以自动向广告添加广告组中触发广告展示的关键词。这样可以提高广告与搜索企业产品的用户的相关性。

例如，广告投放人员要为一家巧克力店投放广告，那么就可以在广告标题中加入关键词插入代码，即广告标题：购买 {KeyWord:Chocolate}。

Google Ads 会尝试将此代码替换为广告组中的某个关键词（如"黑巧克力""无糖巧克力""美味松露巧克力"），如果无法替换，则使用"巧克力"。这里需要注意，用户使用的搜索词可能与关键词不同，如图 3-4 所示。

用户搜索字词：	实际展示的广告：
黑巧克力条	购买**黑巧克力** www.example.com 美国进口手工糖果 满 400 元免运费
无糖巧克力	购买**无糖巧克力** www.example.com 美国进口手工糖果 满 400 元免运费
美味松露巧克力	购买**巧克力** www.example.com 美国进口手工糖果 满 400 元免运费

图 3-4 用户搜索词与实际展示的广告

在最后一个示例中，由于关键词"美味松露巧克力"过长，因此标题中使用了"巧克力"。

（四）移动广告

利用在移动设备上展示的广告，随时随地吸引用户的注意力。文字广告、图片广告、应用宣传广告都适用于移动设备展示。同时，广告主还可以利用 Google Web Designer 制作的 HTML5 广告在手机或平板电脑中进行展示。

要制作图片广告，广告系列必须选择在展示广告网络（"仅限展示广告网络"或"搜索网络和精选展示广告网络"）中投放。如果使用第三方广告投放制作的广告，请务必使用接受的图片尺寸并遵守相关要求。比如，手机：320 像素 ×50 像素、300 像素 ×250 像素、336 像素 ×280 像素插页式；平板电脑：300 像素 ×250 像素、728 像素 ×90 像素、468 像素 ×60 像素、336 像素 ×280 像素插页式。

制作有效的移动广告的最佳做法如图 3-5 所示。

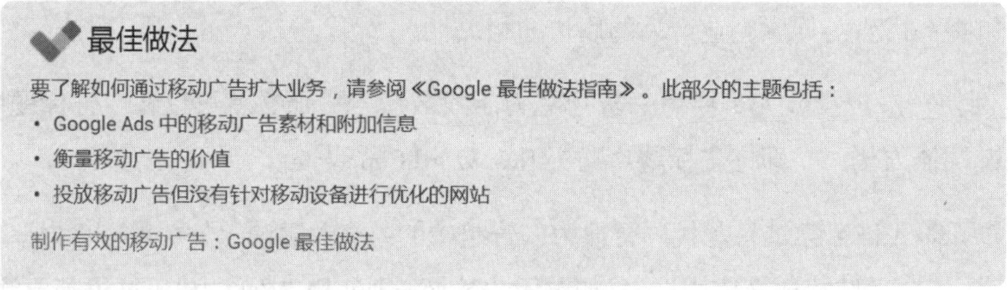

✔ **最佳做法**

要了解如何通过移动广告扩大业务，请参阅《Google 最佳做法指南》。此部分的主题包括：
- Google Ads 中的移动广告素材和附加信息
- 衡量移动广告的价值
- 投放移动广告但没有针对移动设备进行优化的网站

制作有效的移动广告：Google 最佳做法

图 3-5 最佳做法

"手机"通常是指屏幕小于 7 英寸的智能手机。在 Google Ads 中，手机有时称为"移动设备"或"配备完善的网络浏览功能的移动设备"。平板电脑、手机和计算机在很多方面都有共通之处。但是，与手机不同，平板电脑的屏幕一般都为 7 英寸以上，而且与计算机不同的是，平板电脑有触摸屏。在 Google Ads 中，"移动设备"有时兼指手机和平板电脑。除此之外，还有穿戴式设备（如智能手表）可供用户随时随地连接到互联网，但它们通常比手机小。目前，Google Ads 不会在没有屏幕的设备上展示广告。

那么，如何更改广告系列设置，以便仅在桌面设备上展示广告呢？

首先，需要登录 Google Ads 账户，然后在位于左侧的页面菜单中单击"设备"按钮；在"设备"列中，找到标有"手机"字样的行；单击要调整出价的广告系列或广告组所相应的"出价调整"单元格；从下拉菜单中选择"降低"选项；在"%"字段中输入"100"，然后单击"保存"按钮。

（五）广告效力

"广告效力"指标可为广告主提供反馈，帮助广告主专注于向用户展示合适的信息。广告效力包含两部分：表明相关广告效果的总体评分，以及可提升广告效力的具体操作项。

在广告系列的"广告与附加信息"窗口中，可以看到显示广告系列中包含的各个广告的表格。该表格的其中一列显示的就是"广告效力"，此列显示的是总体评分，如"一般"或"极佳"。点击此评分，查看有关改善广告效果的反馈，以及指向可以执行更改的页面的链接。

在制作或修改广告时，可以看到正在生成中的"广告效力"指标。在填入广告素材资源时，此指标会动态变化，该指标旁边会显示一组有助于提高广告效力的建议。

"广告效力"指标可帮助企业打造最佳第一印象。假设广告主正在制作自适应搜索广告，并且在表示广告效力的指标旁边看到如下文字："使您的广告内容描述更具独特性"。那么，广告主可以返回广告内容描述并对其进行修改，动态提升广告效果。如果该指标和文字都没有发生变化，建议进一步做出修改。

即使在广告已制作完毕并开始展示后，"广告效力"指标仍有助于提升广告效果。例如，广告主可能会批量上传一批新的自适应搜索广告，有些广告的标题可能会雷同。那么在"广告效力"列中，就可能看到评分显示为"一般"，建议的具体操作为"增加标题长度"。接下来，广告主可以充分利用这些反馈并按照必要步骤修改标题，进而提升广告效力。

以下是在提升广告效力时会遇到的一些常见问题及其解决办法。

（1）缺少广告组：将广告分配到广告组。

（2）广告组中缺少关键词：向广告组中添加关键词，如果没有关键词，自适应搜索广告将不会投放。

（3）缺少最终到达网址：为广告添加最终到达网址。

（4）标题/广告内容描述太过相似：以不同的方式撰写标题和广告内容描述，重点强调所售产品或服务的新特点或所要吸引的不同客户群体。添加更具独特性的标题和广告内容描述让广告主有更多机会获得较好的广告效果。

（5）标题/广告内容描述过短：提供足够的详细信息，吸引目标客户的注意。

（6）标题中缺乏热门关键词：尝试将广告组中触发频率最高的关键词中的文字添加到标题中。

（7）广告内容描述中关键词较少：尝试在广告内容描述中添加更多关键词，提升广告效果。

（六）在搜索广告系列中使用附加潜在客户表单

当潜在客户在谷歌上搜索公司、产品或服务时，附加潜在客户表单可以帮助广告主吸引他们的关注。接下来将介绍如何在搜索广告系列中添加、修改和移除附加潜在客户表单。

1. 准备工作

附加潜在客户表单仅用作搜索广告系列的附加信息，因此所有的出价和定位选项都是由该表单附加到的广告系列来决定的。

2. 附加潜在客户表单的使用条件

如果要在搜索广告系列中创建和使用附加潜在客户表单，则该账户必须属于非敏感行业或子行业。如果该 Google Ads 账户属于敏感行业或敏感行业的子行业，则不能使用此类附加信息。

3. 点击与转化

（1）点击：只要附加潜在客户表单被打开，Google Ads 就会将其视为一次附加潜在客户表单点击。

（2）转化：如果用户通过附加潜在客户表单提交信息，系统便会将其计为一次潜在客户表单转化。潜在客户表单转化是 Google Ads 在该表单首次提交时自动创建的。广告主可以按"点击"和"转化"类型来细分效果报告，以查看对应的点击和转化效果。

需要注意的是，附加潜在客户表单提交是唯一归因于附加潜在客户表单所获点击的转化类型，系统不会为附加潜在客户表单获得的点击报告产生其他转化操作。

例如，有人点击了附加潜在客户表单，之后又在网站上购买了产品，则此次转化不会归因于附加潜在客户表单。

三、智能广告系列

（一）智能广告系列概览

智能广告系列可帮助广告主重点宣传其产品或服务卖点，有效吸引客户。广告主既可以制作单个广告系列，也可以投放多个广告系列来展示多种不同的产品或服务。

当选择投放智能广告系列时，广告主需要撰写一个描述其产品或服务的广告。此外，广告主还需要提供对产品或服务的说明，并设置预算。该广告将自动展示给谷歌搜索网络、谷歌合作伙伴、谷歌地图和谷歌展示广告网络中的潜在客户。

在广告主定位到的地理区域，当潜在客户通过谷歌或谷歌地图搜索与广告主的产品或服务相关的词组时，该智能广告系列可能会展示出来。对于目标区域之外的用户，如果他们搜索的内容包含与广告主相关的关键词及营业地点，则该广告也可能向他们展示。

1. 智能广告系列的主要功能及组成部分

下面列出了智能广告系列的主要功能，如图 3-6 所示。

可用功能	作用
"广告系列"概览	这是您账户的管理中心，包含谷歌生成的效果分析数据
重要账户提醒	与您的广告系列、结算问题等方面有关的重要通知
已验证的来电次数	显示广告系列为您带来的来电次数及点击次数
地图操作数	跟踪用户看到广告后点击商家在谷歌地图上的图钉或查询前往商家的路线的次数
使用 Google Analytics（分析）跟踪网站上的操作	衡量您的网站在实现业务预期方面的表现
广告投放时间设置	选择在星期几及哪个时段投放您的广告

图 3-6　智能广告系列的主要功能

　　一般情况，智能广告系列由以下几部分组成，如表 3–1 所示。

表 3–1　智能广告系列的组成部分

名　　称	广告内容描述
标题	广告顶部的蓝色文字即标题，当客户点击广告标题时，就会跳转到商家输入的网站 　标题 1 的长度上限：30 个字符（如果使用的是全角字符 * 语言，则上限为 15 个字符） 　标题 2 的长度上限：30 个字符（如果使用的是全角字符 * 语言，则上限为 15 个字符） 　标题 3 的长度上限：30 个字符（如果使用的是全角字符 * 语言，则上限为 15 个字符）
广告内容描述	通过描述产品或服务来展示商家的主要卖点，或者包含为客户提供的特惠信息 　广告内容描述第 1 行的长度上限：90 个字符（如果使用的是全角字符 * 语言，则上限为 45 个字符） 　广告内容描述第 2 行的长度上限：90 个字符（如果使用的是全角字符 * 语言，则上限为 45 个字符）
网站网址（链接）	将会展示商家的网站网址，可以为每个广告使用不同的网址
附加链接	自动附加链接是指自动生成并在广告文字下方显示的链接。此类链接可引导潜在客户访问网站上与其搜索内容相关的网页
地图图钉	位于营业地点附近的客户可能会在广告中看到一个图钉。如果客户点击图钉，系统就会在谷歌地图上将其引导至企业的营业地点（前提是智能广告系列已经与"Google 我的商家"账户相关联）
电话号码	如果输入电话号码，系统就会在移动搜索广告、桌面搜索广告、投放在谷歌展示广告网络上的广告，以及谷歌地图广告中显示该号码。要显示电话号码，可能需要验证自己对该电话号码的所有权 　如果使用广告来电统计报告，仍需要验证自己对实际电话号码的所有权，才能展示专用于广告的谷歌转接电话号码
地址	如果想要展示商家地址，则需要将 Google Ads 账户关联到"Google 我的商家"账户，以展示所关联账户中管理的地址

2. 为单个商家／网站制作多个广告系列

　　如果要宣传同一商家或网站的不同方面，可以制作多个广告系列，并为每个广告系列指定不同的产品或服务及预算。例如，烘焙店可以制作一个常规的"烘焙店"广告，同时再为"婚礼蛋糕"另外制作一个广告。

如果广告主有多个广告系列，则有两种方案可供选择：一是将更多预算用于某一个广告系列，二是平均分配预算。需要注意的是，智能广告系列的总体预算是所有广告的预算总和。例如，如果商家有 3 个广告系列，并为每个广告系列设置了 10元的平均每日预算，那么每天的总预算为 30 元。

3. 备用广告

为了帮助广告主的广告吸引更多的客户并获得更多的点击次数，谷歌将使用原商家提供的信息及网站中的内容来制作和测试备用广告。在某些情况下，这些信息可能会被用来测试不同的标题和 / 或着陆页。

原广告和新广告都将获得投放，以便确定哪些广告的效果更好。如果某些广告的效果总是更胜一筹，则随着时间的推移，这些广告会更频繁地得到投放。

（二）智能广告系列与其他 Google Ads 广告系列

使用智能广告系列或其他 Google Ads 广告系列，可以将广告投放到谷歌搜索网络、谷歌地图及谷歌展示广告网络中的相关网站上。所有的广告系列都可以在广告中使用有针对性的消息来吸引潜在客户并与之互动。Google Ads 广告系列可以帮助广告主在恰当的时间网罗潜在客户。

1. 智能广告系列

智能广告系列只需要 15 分钟即可设置完成，然后可以根据目标不断改进广告，衡量其效果，并展示清晰易懂的结果。这样，广告主投入的每一分钱都能产生切实可见的效益，同时能有更多的时间来全力经营业务。

（1）优势。

① 仅当有人点击广告时才需要付费；

② 方便、快捷地制作在线广告；

③ 所需的日常管理工作极少，Google Ads 会为广告主投放广告；

④ 在谷歌搜索网络、谷歌地图、Gmail、YouTube 和谷歌合作伙伴网站上投放广告；

⑤ 可覆盖广告主选择的任何地理位置的客户；

⑥ 同时覆盖桌面设备和移动设备（如手机和平板电脑）上的用户；

⑦ 可以在信息中心查看广告效果。

（2）工作原理。

使用智能广告系列宣传网站或"Google 我的商家"资料。广告主可以撰写自己的广告，当有人搜索与业务有关的词组时，该广告主投放的广告就有机会出现在搜索结果的上方或下方。

开始使用智能广告系列时，需要设置预算。根据广告主的投放类型，Google Ads 会确定可触发其广告的搜索词组列表，以及可能会展示广告的相关网站。该系列搜索词组将不断得到维护和更新，广告主几乎不需要对账户进行持续的管理，而且只需要为广告实际获得的点击付费。

2. 其他 Google Ads 广告系列概览

使用其他 Google Ads 广告系列类型，广告主可以全面掌控自己的广告系列，还可以使用其他广告格式、设置和功能。利用 Google Ads，广告主可以制作搜索广告、展示广告、视频广告、应用广告系列和购物广告等。

（1）优势。

① 仅当有人点击广告时才需要付费；

② 可以选择自己的关键词，设置出价，并确定账户结构；

③ 覆盖选择的任何地理位置的客户；

④ 投放广告时可使用特殊的广告格式并获得详细的报告。

（2）工作原理

当有人在谷歌搜索网络、谷歌地图和谷歌合作伙伴网站上搜索关键词时，该广告就会显示在搜索结果的上方或下方。利用 Google Ads 中的搜索广告系列，可以自己负责广告系列的各个方面，如自己选择可触发广告的关键词，以及确定平均每日预算、每次点击费用及广告的展示位置。同样，仅当有人点击广告时，广告主才需要付费。

Google Ads 还提供其他广告格式，如视频广告和购物广告。

3．智能广告系列与搜索广告系列的深入比较

智能广告系列与搜索广告系列的深入比较，如图 3-7 所示。

	智能广告系列	搜索广告系列
出价	为您管理广告系列的出价，以在广告系列预算范围内，获取最大价值（例如，点击、致电等）	您需要手动选择出价策略（例如，尽可能争取更多点击次数、目标每次转化费用等）
附加信息	自动创建广告附加信息（附加链接、附加宣传信息、附加地址位置、附加电话信息）。不需要选择启用	需要手动设置部分广告附加信息
关键字创建	根据商家的产品和服务自动生成关键字	需要手动设置关键字、匹配类型及其对应的广告组
关键字修改	允许开启/关闭搜索词组（自动托管的关键字分组）功能	允许手动修改和管理各个关键字和匹配类型
报告	使用简单易用的信息中心，此信息中心会突出显示广告系列最重要的统计信息	包含广告系列、广告组、广告、关键字和搜索字词级别的详细报告
广告在何处展示	在谷歌搜索、谷歌合作伙伴和谷歌展示广告网络中自动展示您的广告，以实现最佳效果	包含用于选择是否在谷歌搜索网络、谷歌合作伙伴和谷歌展示广告网络上展示您的广告的设置
着陆页	每个广告系列最多支持一个着陆页	每个广告系列可以支持多个着陆页

图 3-7 智能广告系列与搜索广告系列的深入比较

四、自适应类广告

采用自适应搜索广告格式制作广告，可以根据用户的搜索关键词向其展示更丰富的文字信息及更切实相关的广告内容。制作自适应搜索广告时，广告主只需要输入多个标题和广告内容描述；随着时间的推移，Google Ads 会自动测试各种不同的组合，通过机器学习技术逐渐摸索出效果最好的组合。自适应搜索广告通过动态调整广告的内容，使其更贴近潜在客户的搜索关键词，从而提升广告主的广告系列效果。

广告主输入的标题和广告内容描述越多，Google Ads 就越有机会投放与潜在客户的搜索查询更为贴近的广告，进而提升广告效果。

在输入标题和广告内容描述后，Google Ads 会以一种可避免重复的方式将这些文字组合成多个广告。与加大型文字广告不同，其可以为一个自适应搜索广告提供

最多 15 个标题和 4 个广告内容描述。接下来，在任意广告中，系统会选择最多 3 个标题和 2 个广告内容描述，然后以不同的组合和顺序进行显示。随着时间的推移，Google Ads 会测试出最具潜力的广告组合，并摸索出对于各个不同的搜索查询而言，哪些组合最为相关。

（一）自适应广告特点及制作要求

（1）素材资源可能会以任意顺序展示，因此必须确保它们无论是单独使用还是组合使用都行得通，且不违反政策或当地法律。

（2）建议每个广告组中包含至少 2 个加大型文字广告和 1 个自适应搜索广告，每个广告组启用的自适应搜索广告不得超过 3 个。

（3）如果想让广告文字在每个广告中都出现，则必须将这些文字添加到标题位置 1、标题位置 2 或广告内容描述位置 1。

（4）为了提高广告展示的可能性，需要提供至少 5 个互不相同的标题，各标题不要采用相同或相似的用语；同时，还要根据广告效果中的反馈采取措施来提升广告效果。另外，使用重复的标题会限制系统生成广告组合的能力。

（二）自适应广告的优势

采用自适应搜索广告格式，广告主可以享受以下优势和便利。

（1）制作可灵活适应不同设备宽度的广告，从而有更大的空间向潜在客户展示广告内容。

（2）提供多个备选标题和广告内容描述，让 Google Ads 能够向用户展示最相关的组合。

（3）广告主可以根据用户的地理位置或感兴趣的地区定制标题和广告内容描述。

（4）利用多个备选标题和广告内容描述，让广告有机会参与更多竞价，与更多搜索查询匹配，进而覆盖更多潜在客户。

（5）参与更多竞价，从而吸引到现有文字广告未能吸引到的点击和转化，提升广告组的效果。

（三）制作效果良好的自适应搜索广告

如果自适应搜索广告处于"审核中"状态的时间超过一个工作日，则它们不会被展示。要解决此问题，必须确保包含自适应搜索广告的广告组中指定了有效关键词。

什么是自适应搜索广告的最佳做法呢？

1．尽可能多地添加独特且具有相关性的标题和广告内容描述

提供过多重复的标题和广告内容描述不利于系统组合广告。为提高广告展示的可能性，可以重点从以下方面着手制作每个自适应搜索广告。

（1）至少提供 8～10 个标题：提供的标题越多，将提供的内容组合成相关广告时的选择余地就越大，广告的效果可能就越好。注意，各标题不要采用相同或相似的用语。

（2）务必在 2 个标题中包含关键词。

（3）务必至少再提供 3 个不包含关键词的标题：尽量在标题中重点说明产品或服务的额外优势和功能、所能解决的问题，也可以突出配送和退货方面的信息。

（4）至少提供 2 条独特的广告内容描述。

（5）尽量重点说明标题中未提到的其他产品或服务信息。

（6）执行固定操作后，可显示的标题或广告内容描述总数就会减少。如果取消固定，或者将多个标题或广告内容描述固定到每个位置，可显示的标题或广告内容描述就会增加。

（7）自适应搜索广告一次最多可显示 2 条广告内容描述。

2．重复使用现有文字广告中的既有内容

不妨重复使用效果理想的文字广告中的现有标题和广告内容描述，现有文字广告中效果较好的内容同样可以在自适应搜索广告中取得良好效果，因而重复使用这样的内容有助于提高广告效果。

3．向标题中添加热门关键词

可以试着将广告组中触发频率最高的关键词中的文字添加到标题中，这样可以提高广告组合对搜索用户的相关性，从而提升自适应搜索广告的效果。

例如，如果已经将"数码相机"指定为关键词，则可以将"购买数码相机"作

为广告标题。如果广告组中有 5 个关键词，其中 3 个关键词吸引的流量最多，则可以试着将这 3 个关键词添加到标题中，以增强广告效力并提升广告效果。

4. 提升广告效力

让广告效力评分达到"良好"或"极佳"，"广告效力"旨在为广告主提供反馈，让广告主可以有的放矢地做出改进，从而向用户展示最合适的广告内容。应尽量让每个自适应搜索广告的广告效力至少达到"良好"。根据反馈中建议的具体措施，可以了解接下来需要采取哪些步骤来提升广告效果。

如果已固定部分标题和广告内容描述，请尝试取消固定设置，以便系统创建更多广告组合，这样有望提升广告效果。

（四）案例分析：自适应搜索广告示例

1. 正面示例

下例遵循了制作自适应搜索广告的最佳做法，如图 3-8 所示。

标题和广告内容描述	可能的广告组合
标题 1. [店名] 2. 时尚舒适 3. 引领潮流的女鞋 4. 立即在线购买女鞋 5. 所有订单，运费全免 6. 热门品牌，价格实惠 7. [店名]官网 8. {KeyWord:超靓女鞋} 9. 适宜各类场合穿着 10. 放心选购超时尚的鞋子 11. 优惠价低至 390 元 12. 首单享受 15% 的折扣 **广告内容描述** 1. 所有心仪品牌和最新款式一店选购。机不可失，立即订购吧！ 2. 订单满 500 元免运费。鞋品丰富，款式时尚，穿着舒适。 3. 选购[店名]的优质女鞋，款式多样，价格诱人。立即购买。	✅ **能够组合成多种广告版本** 组合示例： [店名] | {KeyWord:超靓女鞋} | 立即在线购买女鞋 https://www.example.com/ 选购[店名]的优质女鞋，款式多样，价格诱人。立即购买！ **[店名]官网 | 引领潮流的女鞋 | 所有订单，运费全免** https://www.example.com/ 订单满 500 元免运费。鞋品丰富，款式时尚，穿着舒适。所有心仪品牌和最新款式一店选购。机不可失，立即订购吧！

图 3-8　正面示例

2．反面示例

下面是制作自适应搜索广告时的一个反面例子（见图3-9），应避免在每个标题中重复使用相同的文字。在下面的示例中，每个标题中都包含"女鞋"字样。

标题和广告内容描述	可能的广告组合
标题 1. 时尚女鞋 2. 引领潮流的女鞋 3. [店名]最新款女鞋到货 4. 在线购买女鞋 **广告内容描述** 1. 所有心仪品牌和最新款式一店选购。机不可失，立即订购吧！ 2. 选购[店名]的优质女鞋，款式多样，价格诱人。立即购买！	⊗*未能组合成多种广告版本* 考虑采用但被拒绝的组合示例： [店名]最新款女鞋到货|在线购买女鞋|时尚女鞋 https://example.com/ 所有心仪品牌和最新款式一店选购。机不可失，立即订购吧！ 时尚女鞋|[店名]最新款女鞋到货|在线购买女鞋 https://example.com/ 选购[店名]的优质女鞋，款式多样，价格诱人。立即购买！所有心仪品牌和最新款式一店选购。机不可失，立即订购吧！

图3-9 反面示例

（1）存在的问题分析：标题中有重复的文字；标题数量少于5个。

（2）解决方法：添加更有区别性的标题。

将标题分成更小的单元。例如，"[店名] 最新款女鞋到货"修改为①最新款女鞋到货；② [店名]。

（五）自适应搜索广告的插入地理位置功能简介

插入地理位置功能让广告主可以根据用户所在的地理位置或感兴趣的地区定制自适应搜索广告文字。自适应搜索广告的插入地理位置功能会在广告文字中突出显示提供广告主的产品或服务的地理位置。例如，可以制作标题，如"大连酒店""青岛酒店"，以及根据用户所在的地理位置或感兴趣的地区定制广告。

1．自适应搜索广告插入地理位置的优势

（1）定制讯息：广告会针对每条搜索或用户浏览的每个网页进行本地化。

（2）效率：可以针对想要展示广告的相应地区定制广告，而不用上传数千行数据和管理广告定制工具文件。

2. 自适应搜索广告插入地理位置的工作原理

假设企业提供送货服务，可以将货送到河北省的所有城市，则可以在广告标题中使用插入地理位置代码来定位河北省，而不用为河北省的每个城市分别撰写标题。

比如，标题代码为我们可以将货送到 {LOCATION(City)}。

注意：在广告标题中插入代码时，请确保合理使用大写字母。

Google Ads 会尝试将此代码替换为广告主的广告系列中的地理位置，广告主可以在标题中选择 1 个地理位置，但在广告内容描述中最多可选择 2 个地理位置。广告主可以使用插入地理位置功能，但需要提供至少 3 个未使用插入地理位置功能的标题。

3. 准备工作

从广告系列的地理位置定位中选择地理位置，必须确保根据开展业务所在的区域设置广告系列的地理位置定位，并且根据广告系列的地理位置定位考虑在插入地理位置时设置的级别。

步骤如下：

在输入广告文字时，输入一个大括号"{"，然后从下拉菜单中选择插入地理位置；

在"默认文字"部分输入希望在文字无法替换为关键词的情况下显示的关键词或词组；

选择想要显示的地理位置级别：城市 /State/ 国家 / 地区；

点击应用：点击左侧页面菜单中的"地理位置"按钮，即可查看并管理定位到的地理位置。

任务四　谷歌在线广告投放操作

本任务以跨境电子商务中最常见的购物广告为例，进行购物广告搭建及投放。

准备工作如下：

点击所有广告系列→添加新的广告系列→目标选择"销售"→广告系列类型选择"购物"→选择之前注册好的 Google Merchant Center 账户→选择投放地域。

一、创建广告系列和广告组

步骤 1：新建广告系列→目标选择"潜在客户"，如图 3-10 所示。

图 3-10 新建广告系列

步骤 2：广告系列类型选择"搜索"，如图 3-11 所示。

图 3-11 选择广告系列类型

步骤 3：勾选"网站访问次数"复选框，输入官网网址，单击"继续"按钮，如图 3-12 所示。

图 3-12　选择达成目标的方式

步骤 4：广告系列命名→"投放网络"默认全选，如图 3-13 所示。

图 3-13　广告系列命名

步骤 5：输入目标地理位置（其他的地理位置选项勿动）→语言选择目标国家使用的语言，如图 3-14 所示。

步骤 6：预算设置，选择每日广告预算→"出价"选择"点击次数"选项→单击"保存并继续"按钮，如图 3-15 所示。

步骤 7：制作广告（2 个文字广告 +1 个自适应搜索广告）。

图 3-14 输入目标地理位置，选择语言

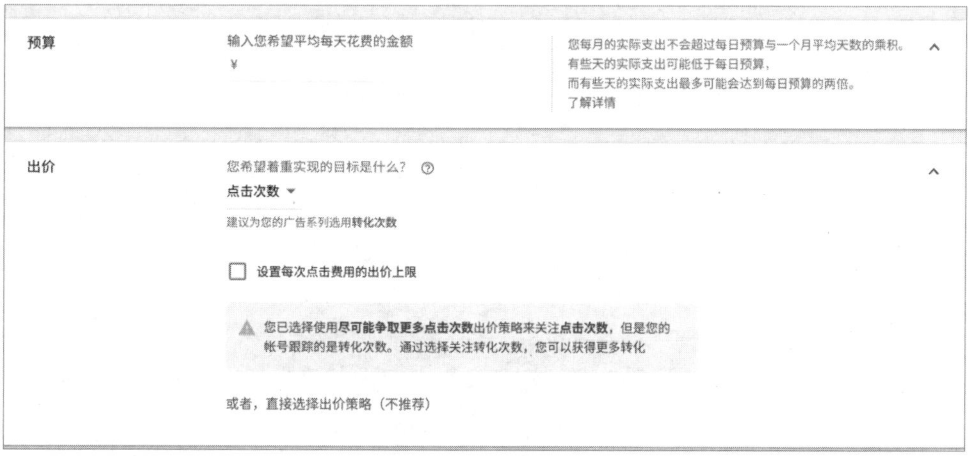

图 3-15 预算设置

二、制作文字广告

步骤 1：文字广告包含 3 个标题，每个标题字符最多 30 个，主要体现广告内容，如图 3-16 所示。

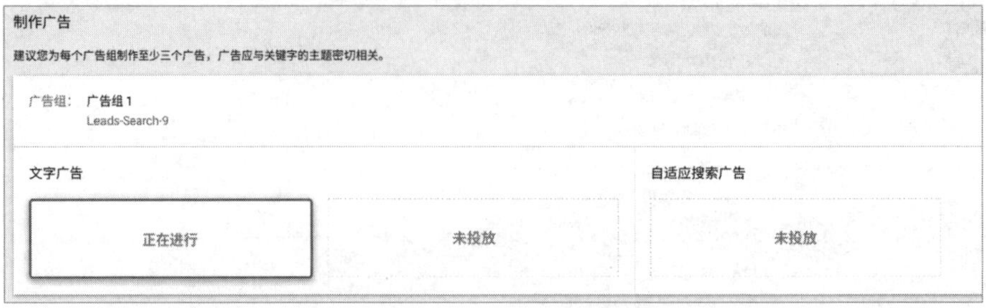

制作广告

建议您为每个广告组制作至少三个广告，广告应与关键字的主题密切相关。

广告组：广告组 1
　　　　Leads-Search-9

文字广告

| 正在进行 | 未投放 |

自适应搜索广告

未投放

图 3-16　制作广告

步骤 2："显示路径"中的"路径 1"和"路径 2"填写网站的关键词即可，客户看到广告显示的链接即可知道该网站是做什么的。这里只是显示网址，最终到达网址才是实际到达的网站页面，需添加 2 个广告内容描述，字符数控制在 90 以内，主要描述企业的产品、服务等信息，如图 3-17 所示。

新文字广告

最终到达网址　　　　　　　　　　　　　　　　　　　　　⑦

标题 1　　　　　　　　　　　　　　　　　　　　　　　　⑦
　　　　　　　　　　　　　　　　　　　　　　　　　　0/30

标题 2　　　　　　　　　　　　　　　　　　　　　　　　⑦
　　　　　　　　　　　　　　　　　　　　　　　　　　0/30

标题 3　　　　　　　　　　　　　　　　　　　　　　　　⑦
　　　　　　　　　　　　　　　　　　　　　　　　　　0/30

显示路径 ⑦
www.example.com / 路径 1　　　　　 / 路径 2
　　　　　　　　　　0/15　　　　　　　　0/15

广告内容描述第 1 行　　　　　　　　　　　　　　　　　　⑦
　　　　　　　　　　　　　　　　　　　　　　　　　　0/90

广告内容描述第 2 行　　　　　　　　　　　　　　　　　　⑦
　　　　　　　　　　　　　　　　　　　　　　　　　　0/90

图 3-17　显示路径

步骤 3：全部填写完毕，单击"保存并继续"按钮，会显示以下页面，单击"前往广告系列"按钮，如图 3-18 所示。

图 3-18　确认

步骤 4：选择刚才创建的广告组→选择"广告"选项→添加"文字广告"（文字广告至少需要建两组，流程如上），如图 3-19 所示。

图 3-19　添加文字广告

三、创建自适应搜索广告

步骤 1：创建自适应搜索广告，选择已创建的广告组→选择"广告"选项→添加"自适应搜索广告"，如图 3-20 所示。

图 3-20　添加自适应搜索广告

步骤 2：添加"最终到达网址"，即展示官网→显示网址，填写突出产品或服务的关键词→填写至少 7 个标题→完成"广告内容描述"→单击"保存广告"按钮，如图 3-21 所示。

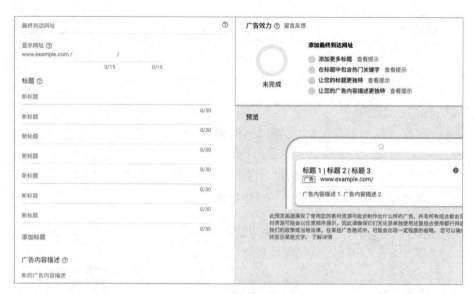

图 3-21　添加最终到达网址

四、创建附加信息

步骤 1：选择刚才创建的广告系列→选择"广告与附加信息"选项→选择"附加信息"选项→单击"制作附加信息"按钮，如图 3-22 所示。

图 3-22　制作广告附加信息

步骤 2：选择需要的附件信息。

附加信息种类比较多，根据需要选择附加信息，一般常用的有附加链接、附加宣传信息、附加结构化摘要信息、附加促销信息等，如图 3-23 所示。

图 3-23 附件信息

步骤 3：填写附加链接。

附加链接至少要补充 4 个，主要突出畅销品或想让用户看到的产品，用户点击此链接可以直接到达相应产品页，如图 3-24 所示。

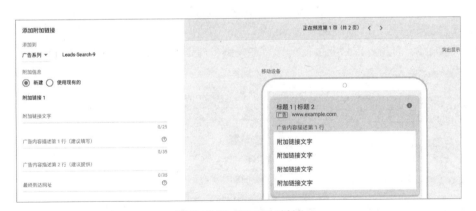

图 3-24 添加附加链接

步骤 4：附加宣传信息，添加广告主的服务、产品特色信息等内容，如图 3-25 所示。

步骤 5：填写附加结构化摘要，主要写品类或者服务项目，完成。

图 3-25　添加附加宣传信息

五、利用"关键字规划师"查找和添加关键字

步骤 1：打开 Google Ads 账户→单击头部标题栏中的"工具与设置"按钮，如图 3-26 所示。

图 3-26　"工具与设置"按钮

步骤 2：单击"规划"按钮→选择"关键字规划师"选项，如图 3-27 所示。

图 3-27　"关键字规划师"

步骤 3：单击"发现新关键字"按钮，如图 3-28 所示。

图 3-28 "发现新关键字"

步骤 4：输入与业务或产品相关的关键字，语言选择广告投放使用的语言，位置选择投放地域（见图 3-29），并单击"获取结果"按钮。

图 3-29 输入与业务或产品相关的关键字

步骤 5：结果展示分析。

谷歌会给出相应的关键字的竞争度、出价区间参考数值，以及月度搜索量。广告主可根据自己的需求选中相应的关键字，并添加到相应的广告组中。

步骤 6：使用。

选中相应的关键字后，上边会弹出蓝色条框，选择广告系列，并选择要添加到的广告组，匹配方式建议前期选择"广泛匹配"和"词组匹配"，如图 3-30 所示。

已选择 3 行	方案 ▼	新广告组 ▼	广泛匹配 ▼	添加关键字				
□ 关键字 （按相关性排）↓	平均每月搜索量	竞争程度	广告展示次数份额	页首出价 （低位区间）	页首出价 （高位区间）	帐号状态	竞争程度 （指数化值）	
☑ shoes	100万～1000万	高	—	¥4.51	¥14.56		100	
关键字提示								
☑ air force 1	100万～1000万	高	—	¥1.32	¥3.47		100	
☑ nike shoes	100万～1000万	高	—	¥4.99	¥11.37		100	
□ nike air force 1	10万～100万	高	—	¥1.87	¥5.01		100	

图 3-30　选择并使用关键字

📌 项目小结

通过本项目的学习，学生了解了什么是搜索引擎营销，明白了 Google Ads 的工作原理，清楚了 Google Ads 的广告类型和账户结构，了解了搜索广告策略和搜索广告的创建要求及类型，熟悉了谷歌在线广告投放操作流程，能够独立创建广告系列和广告组、制作文字广告、创建自适应搜索广告、创建附加信息和利用"关键字规划师"查找和添加关键字（词），从而能够利用 Google Ads 实现在线营销。

项目四

社交媒体营销

Facebook、Instagram 和 Twitter 等社交媒体是在线零售商谋求发展的最佳工具。营销人员会想方设法把社交媒体营销纳入其电子商务营销策略中，以促进电子商务网站上的流量生成。

🛒 学习目标

知识目标

1. 了解什么是社交媒体营销；

2. 了解常见的社交媒体平台；

3. 知晓社交网站新客户开发策略及老客户营销推广方式；

4. 熟悉 Facebook 广告的投放方式；

5. 熟悉 Facebook 广告层级及其他设定；

6. 熟悉 Facebook 官方主页（Page）日常维护的方法。

能力目标

1. 能够进行社交网站新客户开发及老客户营销推广；

2. 能够完成 Facebook 广告投放；

3. 能够完成 Facebook 广告层级与其他设定；

4. 能够进行 Facebook 官方主页日常维护。

🔍 项目概述

　　随着越来越多的零售企业开始转战电子商务，零售电子商务行业的竞争日趋激烈。零售企业要想在激烈的市场竞争中取得优势,就必须积极利用社交媒体,跨境电子商务更是如此。随着 Facebook、Twitter 等社交网络的繁荣发展，企业开始踏入互动式的关系导向型营销时代。跨境电子商务企业如何利用社交媒体进行营销推广呢？本项目将介绍社交媒体营销的方法及相关操作技能。

✖ 任务分解

　　社交媒体营销是跨境电子商务企业重要的营销策略之一。本项目分 3 个任务介绍社交媒体营销，包括关于社交媒体营销、社交媒体营销内容和互动，以及 Facebook 广告投放相关知识和操作流程。

任务一　关于社交媒体营销

一、社交媒体营销认知

（一）什么是社交媒体营销

社会化媒体营销就是利用社会化网络、在线社区、博客、百科或其他互联网协作平台和媒体来传播和发布资讯，从而形成的营销、销售、公共关系处理和客户关系服务维护及开拓的一种方式。一般社会化媒体营销工具包括论坛、微博、微信、博客、SNS 社区、图片和视频，通过自媒体平台或组织媒体平台进行发布和传播。

（二）社交媒体营销与跨境电子商务

传统营销以销售为导向，将企业的产品或服务信息传播给潜在客户或较易触达的人群。如今，营销更应该是关系导向的，重点是客户反馈及与客户互动。在传统广告渠道中，营销渠道可以是电视、广播、报纸等媒体广告，企业无法与客户取得直接或间接联系，因此谈不上互动；在互联网阶段，通过搜索引擎营销、邮件营销，同样在与客户互动中有很大的壁垒和不便捷性。因此，企业会组织一些线下推广活动，实现面对面的互动，成为较广泛模式，然而，这种线下营销不仅费用高，而且辐射面窄，触达人群非常有限。现在，随着社交网络的繁荣发展，有充分的媒介条件助力企业踏入互动式的关系导向型营销时代。

在跨境电子商务中，Facebook、Twitter、YouTube、VK 平台已经被广泛运用，成为跨境电子商务粉丝集群打造的新领地。社交媒体推广是站外获客中最便捷、成本较低、黏性较大，以及客户复制量最大的最佳渠道。

二、多平台认知

适合跨境电子商务企业进行营销的社交媒体有 Facebook、Twitter、Instagram、YouTube、Pinterest、VK 等。具体介绍如下。

1. Facebook

Facebook 为 SNS 模式（社会性网络服务），帮助人们建立社会性网络的互联网应用服务，简单来说，就是建立起一个网络社交服务平台，用户在 Facebook 这个平台上可以创建属于自己的一个专区，并在里面分享自己的照片、个人兴趣及生活点滴，可以寻找、联络身边的好友并互动，也可以进行在线交易，在这里的一切都是真实的。

Facebook 本身不具备销售功能，Facebook 更趋向于讲好故事，然后让用户去产生购买行为。如果想要 Facebook 广告取得好的成效，首先必须尊重 Facebook 的社交属性，所以 Facebook 广告就是针对其社交属性所开发的系统。

目前，Facebook 在全球范围内的月活跃用户数为 27 亿名，是全球最大的社交互联网平台，也是出海企业数字营销的利器。因此，无论是找客户、做推广还是卖产品，都无法忽略 Facebook 的引流价值。

Facebook 广告的特点如下。

（1）用户庞大：全球范围内有 27 亿名用户，占全球人口总数的 1/4。全球约48% 的网络人口都在使用 Facebook，每日活跃用户超过 13 亿名。

（2）集中于移动端：90% 以上的用户通过手机登录。

（3）目标市场：Facebook 平台在重要出口国家的使用率甚至高达 90%。

（4）年龄分布广：趋向全民，便于各类商家开展更多品类的业务。

（5）有效提升企业知名度和客户忠诚度：Facebook 在全球提升知名度及忠诚度方面的水平比全网高出许多。

（6）Facebook 拥有庞大的数据库，可以为广告主提供精准化的受众，帮助广告主成功触及更多用户。

如图 4-1 所示，可以看到 Facebook 在全网站排名第三、全美排名第三，在所属的社交类目下排名第一。

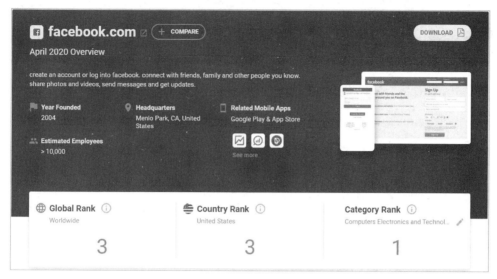

图 4-1　Facebook 排名

2. Twitter

Twitter（非官方中文译名为"推特"）是社交网络和微博客服务，它可以让用户更新不超过 140 个字符的信息，这些消息被称作"推文"（Tweet）。Twitter 被形容为"互联网的短信服务"。网站的非注册用户可以阅读公开的推文，而注册用户则可以通过 Twitter 网站、短信或各种各样的应用软件来发布消息。Twitter 是互联网访问量最大的十个网站之一。虽然用户发布的每条"推文"被限制在 140 个字符内，但不妨碍各大企业利用 Twitter 进行产品促销和品牌营销。

跨境电子商务企业可以利用 Twitter 上的名人进行产品推广，比如，第一时间评论名人发布的"推文"，让千千万万名人的粉丝慢慢熟知自己，并最终成为自己的粉丝。2014 年 9 月，Twitter 推出了购物功能键，这对于跨境电子商务企业来说无疑又是一大利好消息。

3. Instagram

Instagram 的名称是"即时"（Instant）与"电报"（Telegram）两个单词的结合。因为创始人的灵感来自即时成像的相机，且认为人与人之间的照片分享"就像用电线传送电报信息"一样，因此将两个单词结合成软件名称。Instagram 的一个显著特点是，用它拍摄的照片为正方形，类似用宝丽来即时成像相机拍摄的效果，而人们通常使用的移动设备的相机的纵横比为 4∶3 和 16∶9。

Instagram 顺畅的操作流程如下：拍照→滤镜特效（以 Lomo 风为主的 11 种照片特效）→添加说明 / 添加地点→分享（可以共享到 Twitter、Facebook、Tumblr、Flickr 及 Foursquare，以及新浪微博这些主流社交网络）。同时，Instagram 基于这些照片建立了一个微社区，在这里用户可以通过关注、评论、赞等操作与其他用户进行互动。

另外，Instagram 新增直播功能，点击"相机"图标，并滑动到"live"（直播）标签，点击"start Live video"（开始现场视频）按钮，使用 Facebook Live 录制视频，在屏幕顶部会出现一个图标，显示正在直播，并能看到目前观看的人数有多少。用户可以评论和发送"heart"（心）以表达对视频的喜爱。

4．YouTube

YouTube 是全球最大的视频网站，每天都有成千上万条视频被用户上传、浏览和分享。相对于其他社交网站，YouTube 的视频更容易带来病毒式的推广效果。比如，鸟叔凭借《江南 Style》在短时间内就得到了全世界的关注。因此，YouTube 也是跨境电子商务中不可或缺的营销平台。开通一个 YouTube 频道，上传一些幽默视频吸引粉丝，通过一些有创意的视频进行产品广告的植入，或者找一些意见领袖来评论产品宣传片，都是非常不错的引流方式。

5．Pinterest

Pinterest 由 Pin 和 Interest 两个词组成，是一家图片分享类的社交网站。用户可以按照主体分类添加和管理自己的图片收藏，并与好友分享。其使用的网站布局为瀑布流布局。Pinterest 是由美国加州的一个名为 Cold Brew Labs 的团队创办的，于 2010 年正式上线。

Pinterest 拥有超过 300 亿张图片，图片非常适合跨境电子商务网站的营销，因为电子商务很多时候就是依靠精美的产品图片来吸引客户的。卖家可以建立自己的品牌主页，上传自家产品图片，并与他人互动分享。2014 年 9 月，Pinterest 推出了广告业务，广告主可以利用图片的方式推广相关产品和服务，用户可以直接点击该图片进行购买。Pinterest 通过收集用户个人信息建立偏好数据库，帮助广告主进行精准营销。因此，除了建立品牌主页，跨境电子商务网站还可以购买 Pinterest 的广告进行营销推广。

6．VK

VK 是俄罗斯最大的社交平台，全称为 Vkontakte，意思是保持联系，全球注册用户超过 2 亿名，目前支持 86 种语言，包括中文。VK 的 Logo 如图 4-2 所示。

图 4-2　VK 的 Logo

在 VK 的主要用户中，俄罗斯用户占比超过一半。同时，在哈萨克斯坦、白俄罗斯、乌克兰这些东欧邻国，VK 在当地社交网站排名中能进入前五，是这些国家主要的社交平台。但是因为人口不多，所以这些国家的用户占据的网站访问比例并不是很高，而在美国，虽然 VK 在美国的排名比较靠后，但是美国用户占据的网站访问比例约为 3.1%。随着 VK 的全球化发展战略，其他欧洲国家的用户占比也在不断提升。

VK 与 Facebook 有相似之处，各方面功能比较齐全，比较适合做营销推广。例如，全球速卖通卖家需要向品牌化运营的方向转型，那么 VK 社交营销对于品牌推广是必不可少的。另外，全球速卖通平台的流量竞争激烈，成本趋高，而站外推广尚属于营销蓝海。

VK 平台有两种营销方式：免费营销方式和付费 VK 广告形式。

（1）免费营销方式：建立社区主页，通过线上方式推广，引导客户关注主页。比如，通过在包裹内放上主页宣传卡片或在产品包装上印刷主页二维码等线下方式将老客户转化为基础粉丝；线上可以通过全球速卖通站内信、VK 群组等邀请用户关注，通过送小礼物等活动鼓励基础粉丝进行分享转化点赞等。免费的吸粉方式效果不一，但基本增速较慢，只有在具备一定的粉丝量之后进行产品销售推广才能看到效果。

（2）付费 VK 广告形式：收费模式包括 CPC 和千人成本（Cost Per Mille，CPM）。广告形式有以下几种。

贴片广告：左侧栏图文形式，有 CPC 跟 CPM 两种收费模式；

App 广告：App 应用中部展示；

视频广告：中部动态处视频，采用 CPC 与 CPM 两种收费模式；

贴文广告：中部动态处图文，CPM 收费模式。

任务二　社交媒体营销内容和互动

一、社交网站新客户开发策略

1. 互动营销

客户通过社交媒体来分享产品的信息和观点，企业进入社交媒体营销中，通过与客户对话和互动与客户建立情感联系，赢得客户的情感认同，进而获得市场。

2. 口碑营销

在社交媒体时代，网络口碑很重要，消费者通过以往客户对于该产品的评价从而最大限度地减少购买风险，通过了解品牌在社交媒体上的口碑，从而决定是否购买。所以企业要有意识地去维护自己的口碑。

3. 内容营销

重视传播的内容（文字、图片、音频到视频），众多品牌通过内容营销取得了不同凡响的营销效果，给品牌带来了极好的网络口碑。

4. 情感营销

与客户建立深厚的情感，营销就是和客户"谈恋爱"，推广品牌就是让客户爱上自己，而情感营销不仅会创造出一个个好的品牌，让客户爱上企业的品牌，更会为企业带来源源不断的客户和财富。

5. 粉丝营销

社交媒体时代，要留住粉丝就要提升粉丝黏性，提升粉丝黏性是通过互动和客户产生联系和交易，或者通过内容推送、各类线上与线下的活动、建立品牌社群并让粉丝通过参与获得良好的品牌体验。

6. 事件营销

社交媒体通常是一个事件的起源地，使用多样化的平台，利用微博、微信、Twitter 和 Facebook 等可以吸引客户到企业的展位，潜在地拉动销售，增加企业真正做社交媒体营销的兴趣，与客户建立关系，即通过社交平台拉近企业与客户之间的距离。

7. 价值观营销

客户寻找产品和服务时不但要满足其基本需要，更希望发现一种可以触及内心的体验和商业模式。为客户提供意义感将成为营销活动的价值。

8. 名人效应营销

名人效应是指，名人的出现所达成的引人注意、强化事物、扩大影响的效应，或者人们模仿名人的心理现象的统称。微博上的名人效应是通过名人转发或发表评论产生的一系列连锁反应，一个"大 V"可以影响一大批潜在客户。

二、社交网站老客户二次营销推广

对于已经购买过一种或两种以上产品的客户，可以建立良好的情感联系，平时多多留意和观察对方留给企业的 Facebook、Twitter、LinkedIn 中个人账户的信息，第一时间了解客户的动态，如喜好、需求或抱怨，从而找到适合自己的商机，进行第二次的营销推广。

任务三 Facebook 广告投放

在国外做社交推广效果较好的当属 Facebook，它不仅能推广独立站和第三方店铺，还能推广自己的 App，并且能非常准确地根据客户的性别、年龄、地区、爱好等来做精准推送。

一、Facebook 广告版位

Facebook 的 PC 客户端广告版位（New Feed on Desktop）展示分为主页栏和右边栏（Right Hand Side，RHS）两部分，New Feed on Desktop 及 RHS 广告位如图 4-3 所示。

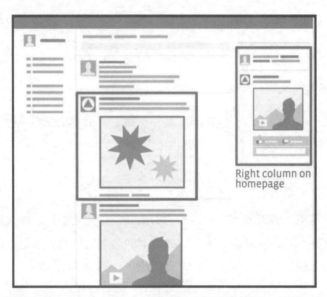

图 4-3　Facebook 的 PC 客户端及广告版位 RHS

　　Facebook 的移动端广告版位（Mobile News Feed）的展示框仅有一处，即手机主画面处，如图 4-4 所示。

图 4-4　Facebook 的移动端广告版位

二、广告层级与其他设定

1. 广告系列结构（Ad Campaign Structure）

广告系列结构共分为 Campaign、Ad Set、Ad 3 个系列。

Campaign：设定每个广告系列的目标，可以在广告系列中设定一个或多个 Ad Set。

Ad Set：每个 Ad Set 可以包含一个或多个广告，可以设定一个 Ad Set 的预算。

Ad：在每个 Ad Set 中，可以设定目标受众、出价，以及图片、链接、文案、广告位置等。

层级情况如图 4-5 所示。

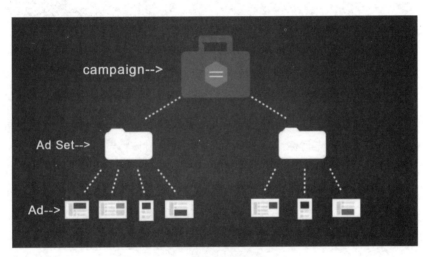

图 4-5　层级情况

各个层级功能如图 4-6 所示。

	On/Off Control	Objective	Schedule	Budget	Bidding	Targeting	Creative	Reporting Available
Campaign	✔	✔						✔
Ad Set	✔		✔	✔				✔
Ad	✔				✔	✔	✔	✔

图 4-6　各个层级功能

同一 Ad 在仅更新产品后，除 Creative 外的其他设定均在 Ad Set 中，详情如图 4-7 所示。

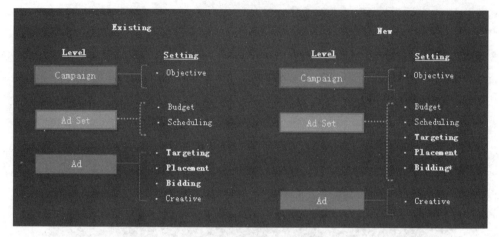

图 4-7　同一 Ad 仅更新产品后的 Ad Set

2. 广告目标（Ad Objectives）

广告目标是指希望用户在看到广告时去做的事情。例如，如果想建立受众为专页点赞，那么在选定广告目标后，Facebook 将创建符合该特定目标的广告。

常见广告目标如图 4-8 所示。

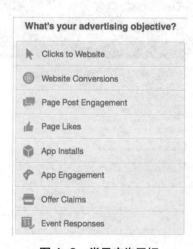

图 4-8　常见广告目标

（1）网站点击量（Clicks to Website）：吸引人们访问网站；

（2）网站转化（Website Conversions）：促进特定的网站转换；

（3）专页帖子参与度（Page Post Engagement）：推广专页帖子；

（4）专页赞（Page Likes）：获得专页赞；

（5）应用安装（App Installs）：吸引用户安装移动或桌面应用程序；

（6）应用参与度（App Engagement）：吸引用户使用应用程序；

（7）领取优惠（Offer Claims）：提供优惠，让用户来实体商店兑换；

（8）活动响应（Event Responses）：增加活动参与人数。

3. 广告预览与编辑（Ad Preview and Edit）

广告文本不超过 90 个字符，以确保广告在网站的任何位置出现时都能完整显示。通常来说，简洁、直接的广告文案的效果会更好；广告中的图像可以包含符合通用广告刊登原则的文本，但文本内容不得超过图像的 20%。

4. 广告位置（Ad Placement）

广告主可以选择广告在 Facebook 上的显示位置。例如，可以选择桌面动态消息（News Feed on Desktop）和 / 或右边栏广告（Right Hand Side）版位，抑或者移动端展示。在设置时，可以在广告版位下选择希望显示广告的版位。

5. 出价方式（Ad Set Bidding & Budgeting）

（1）千次展示成本（CPM）：此出价类型最适合用于吸引用户查看广告；

（2）单次点击成本（CPC）：此出价类型最适合用于吸引用户点击广告；

（3）优化的千次展示成本（OCPM）：此出价类型最适合用于将广告展示给最可能对广告采取行动的用户；

（4）每个动作成本（CPA）：此出价类型最适合用于吸引用户对广告采取行动。

6. 广告受众（Ad Audiences）

普通广告：国家、性别、年龄、兴趣词。

在选择营销受众时，应注意选择性覆盖以下几种：

（1）Custom Audiences（自定义受众）：可以导入客户邮箱；

（2）Website Custom Audience（网站自定义受众）：到过网站的客户（可细分）；

（3）Lookalike audience（相似人群）：通过以上两种受众生成的相似人群；

（4）相关受众（粉丝）：Fans、Friends of fans、Non-fans。

三、广告投放操作

（一）Facebook 广告投放操作流程

Facebook 广告操作有两种工具：Ad Manager 和 Power Editor，人们通常会使用 Power Editor。

步骤 1：创建 Campaign。

在创建 Campaign 时，一定要注意目标的选择，必须符合该 Campaign 下 Ad Set、Ad 的投放目标，如图 4-9 所示。

图 4-9   创建 Campaign

步骤 2：创建 Ad Set 及 Ad，如图 4-10 所示。

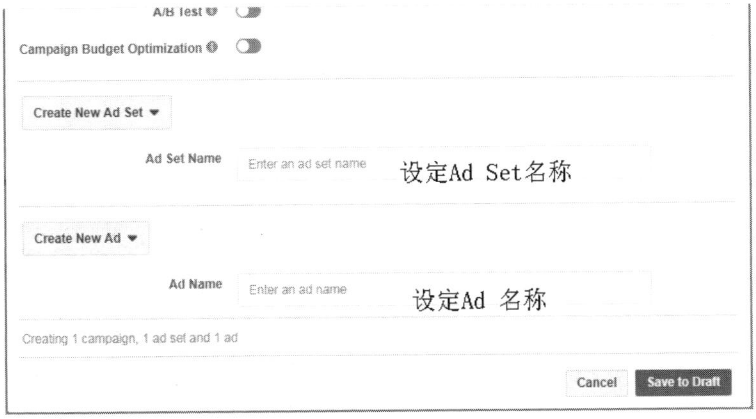

图 4-10　创建 Ad Set 及 Ad

步骤 3：选择转化，如图 4-11 所示。

如链接至网站，促成一次购买，即完成一次转化。

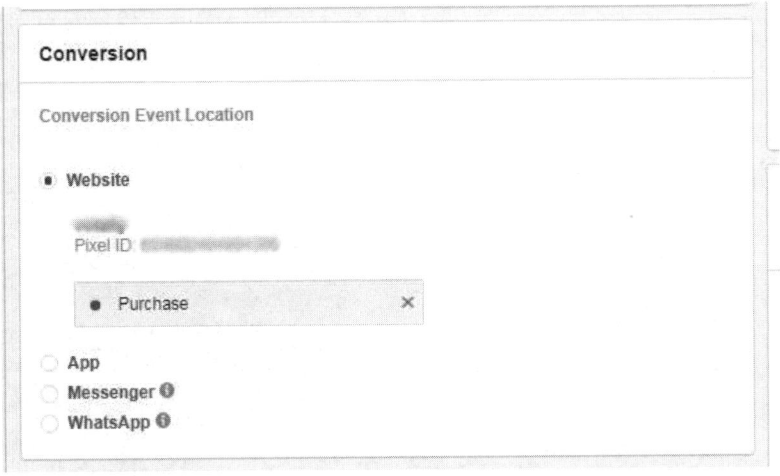

图 4-11　选择转化

步骤 4：设定预算，如图 4-12 所示。

设定每日最高预算，金额以美元为单位。同时，在这个页面下可以设置广告开始时间，可以以北京时间为参考轴，并选择结束时间及其他。

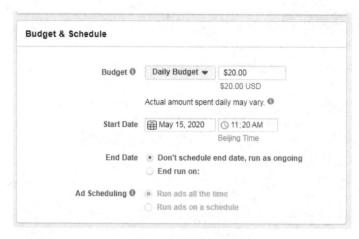

图 4-12   设定预算

步骤 5：设定广告受众，如图 4-13 所示。

在选择广告受众过程中，可以点选的条件有位置、年龄范围、性别、语言及一些目标细节等，同时在右侧可以看到预计到达受众人数和预计转化，供广告投放人参考，以便其更准确地调整受众条件。

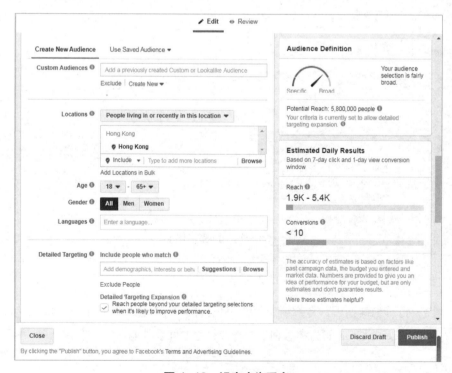

图 4-13   设定广告受众

步骤 6：选择显示位置，如图 4-14 所示。

在大多数情况下，选择系统推荐的 "Automatic Placements"。

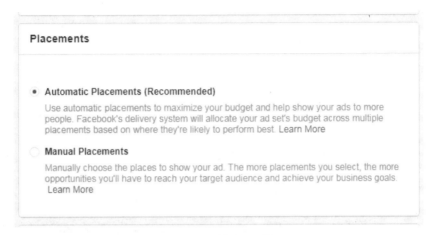

图 4-14 选择显示位置

步骤 7：设定广告转化，如图 4-15 所示。

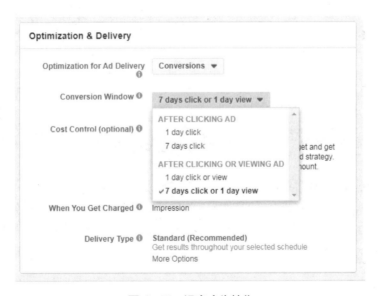

图 4-15 设定广告转化

步骤 8：选择主页，如图 4-16 所示。

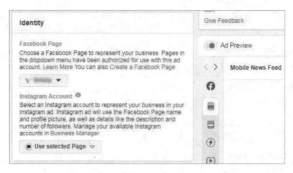

图 4-16　选择主页

步骤 9：设定广告创意及文案，如图 4-17 所示。

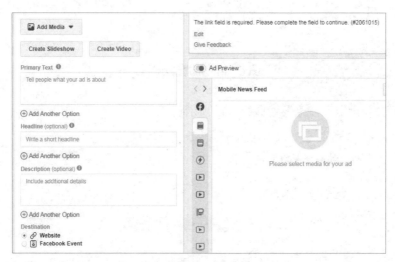

图 4-17　设定广告创意及文案

步骤 10：填写链接并发布，如图 4-18 所示。

图 4-18　填写链接并发布

（二）投放参考维度

在广告投放中，需要考虑以下几点。

1. 目的

明确广告投放目的，之后设定投放目标，计划 Campaign 中 Ad sets 的结构，每一个 Ad set 中受众范围最好一样，且最好不要多于 6 个广告。

2. 广告形式

广告形式的选择应参考产品/服务特性、受众、广告目的等多个因素，进行综合考量选择。

3. 年龄层

注意覆盖目标客户的年龄层次，应提前预知广泛范围、精确范围，以便于更准确地进行投放。

4. 国家

选择投放国家时，需要注意国家的成本、站内订单、站内转化率、营销占比，以及所投放国家的季节和习俗。

5. 类目

重点投放类目和尝试投放类目，需要结合平台表现、站内数据、季节趋势等因素。

6. 产品

选品时应考虑产品是否适合 Facebook 平台，在站内是否热销及质量。

7. 着陆页

着陆页是影响广告效果的一个重要因素，若着陆页设计得不好，则客户在点击链接进入页面后会马上关闭页面，造成跳失率奇高。进入着陆页之后，应注意观察投放产品是否在列表内，以及列表页是否整齐、适合投放。

8．命名及构建规则

（1）构建规则。

一般广告 RHS：FCPPC-001。

PPL：FCPPC-002。

RM 广告：FCPPC-RM-001/002。

广告 ID= 日期 - 编号。

（2）命名规则。

Campaign：日期 - 类目 - 国家 - 年龄段 - 广告形式 - 出价方式。

例：（2021707-dress-US-22-45-RHS/PPL-）。

Ad Set：日期 - 类目 / 细分类目 - 广告形式。

例：（202107-summerdress-US-22-45-RHS/PPL）。

Ad 广告 ID- 类目 / 细分类目 - 广告形式。

例：（202107-201/summerdress-US-22-45-RHS）。

四、Facebook 官方主页日常维护

1．官方主页维护的目的与意义

通过每天定时更新内容、观察粉丝喜好、与粉丝互动，从而达到增长粉丝（为网站形成潜在购买用户）、增加产品曝光度、提升网站知名度，以及最终提升网站的流量与支付转化的目的。

添加封面和头像是非常重要的主页设置内容项，给客户的第一印象也来源于这里。图 4-19 所示分别为未编辑的主页和编辑完成在推的主页。

在编辑主页时，可以根据企业需求添加不同类型的主页按钮（见图 4-20），来获得客户的反馈；如为到店服务型，则可选择预约服务；如为购物网站类型，则可将客户引导至站点；如为应用下载型，则可选择下载应用。

图 4-19 未编辑的主页和编辑完成在推的主页

图 4-20 添加主页按钮

在确定客户反馈的目标后，可以继续单击"下一步"按钮进行设置（见图 4-21），希望客户"向你购物"需求下有两个子设置，分别是"网站链接"，用以帮助用户跳转到设定的制定网站，以及"在主页中购物"及跳转到网站主页的店铺板块，完成企业主页营销目标。

图 4-21 "向你购物"需求子设置

2. 排帖

在确定发帖内容并完成创意制作之后，需要进行排帖等系列操作，完成创意触达粉丝。

（1）排帖方式。

发帖可以通过首页直接进入"创建帖子"页面，也可根据导航指引进入"发布工具"页面。"创建帖子"页面如图 4-22 所示。

发布工具是 Facebook 推出的帮助广告主进行多样化发帖、管理跟进的工具。大多数人习惯使用发布工具进行发帖。在发布工具中，用户可以选择定时帖、限时帖等多种形式，同时可以查看已发布的帖子和草稿帖。

图 4-22 "创建帖子"页面

（2）时间的选择。

把帖子预排在粉丝最活跃的时段，效果会比较好。一般选择排在国外粉丝的工作时间段，即北京时间 16:00 至次日 8:00，尤其是 24:00 左右最为活跃。上传好图片及链接后，单击定时"发布"按钮，会出现排期的选项，选择合适的时间即可，如图 4-23 所示。

图 4-23　选择时间

（3）发帖形式。

图片带文字是一直广泛运用的形式，选择清晰并且尺寸适中的图片较宜。图片太大，则加载速度慢，会影响粉丝体验；而图片太小，又不利于清晰展示产品细节。一般帖子的尺寸是 600 像素 ×600 像素，也可以围绕这个尺寸进行调整。图片是正方形的，可以正好布满页面，这样看起来会比较美观。

目前，进入广泛流行的另一种形式是快拍，也就是视频形式。视频形式较图片形式更立体，可以更全面和动态地展示企业的服务或产品，使得使用场景"活"起来，客户也能更直观、更深入地感受产品或服务。快拍样例如图 4-24 所示。

（4）活跃贴。

除了展示网站的产品，商家每天也会少量发一些活跃贴，主要是为了避免官方主页太商业化，同时可以提高主页的覆盖人数，提高活跃度。活跃贴应贴近商家自身主页的风格。比如，家居用品类的主页可以多转发一些生活创意类的视频等；女装或美妆类的主页可以发一些美妆技巧或搭配心得；另外也可以适当放些搞笑类视频或是故事分享等，如图 4-25 所示。

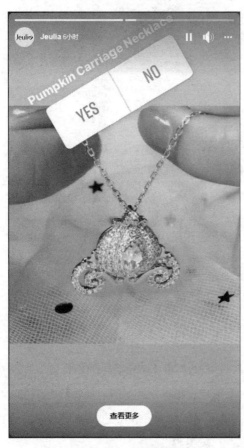

图 4-24　快拍样例

图 4-25　活跃贴

3. 粉丝互动与其他

及时回复粉丝在帖子下面的评论及主页的私信，做好与粉丝的互动，让粉丝感受到企业良好的服务态度，并及时解答粉丝的问题；另外，还要传递新品、爆品走向，从而舒适地引导粉丝购买产品。

除了发帖内容，在运营 Facebook 主页时，还常常需要处理客户的投诉信留言。对于所有企业来说，这几乎是都会发生的，因为有时候即使产品没有问题，冗长的跨境物流带来的延误、破损也会招来客户的投诉。首先，面对客户的投诉性留言，一定要回复，以表示对客户的重视；其次，回复要具体，切不可千篇一律地说 "Please send us a message, our CS will solve that!"；最后，要尽可能地引导客户发 "Private Message"。

五、社交媒体营销案例——Facebook 中的中国卖家

下面以国内一些独立站的 Facebook 营销为例，简单介绍一下主页运营的一些技巧。LightInTheBox（兰亭集势）、TBdress 的 Facebook 官方主页，如图 4-26 所示。

在 LightInTheBox 的 Facebook 官方主页可以看到一个由一组时尚年轻搭档、场景、街拍组成的视频，非常符合它的时尚购物风格。该主页已经获得了 800 万余个赞；TBdress 则以简单、温暖的背景色来突出大促日的活动主题和折扣情况，以及服务极简的女装风格，该主页获得了 480 万余个赞。

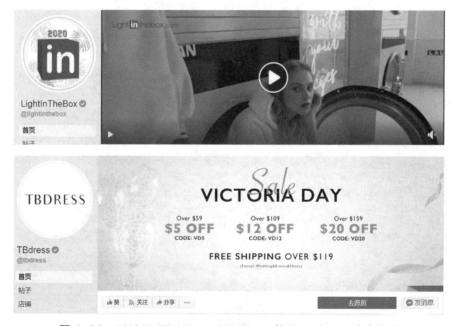

图 4-26 LightInTheBox、TBdress 的 Facebook 官方主页

以 LightInTheBox 为例，可以看到，产品分享、潮流时尚帖较多。通过一些精美时尚的产品图片或模特试装图片，唤起客户的购买欲，同时配上简要的文字说明和

产品链接，从而进一步引导客户购买。兰亭集势主打服饰类产品，通过潮流时尚帖不仅可以彰显网站风格，而且能最大限度地导入流量，并获取转化率，如图4-27所示。

图4-27　产品分享、潮流时尚帖

其次是创意新奇帖。大家都喜欢有创意的新奇类产品，因此这类帖子很容易得到粉丝的赞、评论以及转发。当然，更重要的是，年轻粉丝们会非常乐意点击链接发现更多类似产品，并下单购买。创意新奇帖如图4-28所示。

图4-28　创意新奇帖

幽默搞笑帖让带有商业性质的主页变得更加可爱，更有利于增加客户喜爱度，在产品营销之余供客户享乐，间接获取好感，如图 4-29 所示。

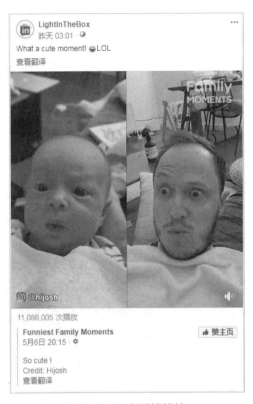

图 4-29　幽默搞笑帖

🚩 项目小结

通过本项目的学习，学生对社交媒体营销和社交媒体平台有所认知，了解了社交媒体营销新客户的开发策略及老客户的二次营销，了解了 Facebook 的广告层级与其他设定，掌握了 Facebook 广告的投放操作步骤，能够进行 Facebook 官方主页的日常维护。

项 目
五

邮件营销

随着互联网时代的快速发展，跨境电子商务行业的竞争也越来越激烈，商家所需要投入的广告成本也逐渐升高。由于国外客户在日常的工作和生活中更倾向使用电子邮件进行沟通，所以邮件营销也非常适合跨境电子商务行业。从事跨境电子商务的商家可以使用邮件推广的方式对客户进行精准营销。

🛒 学习目标

知识目标

1. 了解开发信的概念、特点和分类；

2. 了解开发信的撰写流程；

3. 了解跨境电子商务邮件营销的优势与特点；

4. 了解跨境电子商务邮件营销的流程；

能力目标

1. 掌握开发信的撰写方法和技巧，能够撰写开发信；

2. 掌握跨境电子商务邮件营销的步骤；

3. 掌握跨境电子商务邮件营销的方法和技巧，能够设计、制作邮件内容。

🔍 项目概述

邮件营销是一种公认的高效、廉价的营销手段。研究表明，电子邮件的ROI为122%，是付费搜索和社交媒体等其他营销策略回报率的4倍以上。因此，邮件营销不仅有用，而且很有必要。那么，从事跨境电子商务的人应如何进行邮件营销，提升店铺销售额呢？本项目将介绍如何撰写开发信、营销邮件，以及进行邮件营销的步骤等相关知识和技能。

🛠 任务分解

外贸开发信是电子商务时代国际贸易中寻找新客户的重要手段。邮件营销是海外市场营销中重要的渠道之一，具有远超社交媒体营销的高点击率、高转化率和高资本回报率。本项目分两部分，分别为开发信和邮件营销，主要介绍撰写开发信、营销邮件的流程及方法，以及进行邮件营销的步骤等。希望通过学习，学生能够进行邮件营销。

任务一　开发信

一、关于开发信

（一）开发信的概念及其分类

开发信（Marketing Letter）就是外贸业务员把本公司的产品、服务、优势等通过邮件、信函发送给潜在的国外客户，希望建立合作关系，共同发展，潜在的国外客户收到邮件、信函后，如有意向，则会与外贸业务员进行进一步的沟通、谈判，最终确立购买合同。

外贸业务开发信根据不同的标准有不同的分类方式。

1. 根据发信对象可以分为撒网式和专业式

（1）撒网式：这类开发信针对平时在谷歌、黄页网站、行业网站等搜索到的、外贸业务员并不能清楚地判断客户需求的客户。此类开发信写法应以简洁为主，告诉别人你是做什么的、有什么优势即可。

（2）专业式：这类开发信针对的是外贸业务员知道客户明确需求的客户。此类开发信的写法应该以满足客户需求为主，以较长的篇幅解决客户需求。

2. 根据客户的文化习惯可以分为美国式、欧洲式和大众式

（1）美国式：此类开发信适合美国、澳大利亚、南美等深受美国文化影响的国家，以简洁为主，越简单越好。

（2）欧洲式：此类开发信适合英国、德国、法国等欧洲国家，以格式为主，多用大词。

（3）大众式：此类开发信适合所有国家，以稳定为主，相关内容全部都讲到。

（二）案例

案例 1：

Dear Steven Zhang,

This is Maggie from ABC Co., Ltd. We're pleased to know you and your esteemed company from Alibaba.com.

We supply Boy's pants with quality and very competitive price for 10 years in China, Hope to find a way to cooperate with you.

E-catalogues and prices will be sent if needed.

Write me back or call me please, let's talk more in details.(Feel free to call me for any question or free samples.)

Thank you.

Best Regards

Yours sincerely

Maggie

案例2：（展会客户）

Subject: Supplier of KIDS WEAR

Dear John,

This is Robert Zhang from ABC Garment Co.,Ltd. We met you in the Canton Fair on 16th Apr. During our meeting, you are interested in our new design——DECO collection, which is very suitable for your market, and we are ready to send you some sample for perusal.

As a specialized manufacturer and exporter of the above products in China, we can supply various kids wear, sportswear and other related accessories with high quality and competitive price.

So as to diversify your existing market, please log on http://www.abc.com.

Please refer to the attachment.

Anyway, should you have any question, please feel free to contact us.

Best regards

Robert Zhang

ABC Co.,Ltd.

Jeonju High-Tech Venture Complex,#750-1

Palbokdong 2-Ga,Deukjin-Gu,Jeonju-Soi,Chullabuk-Do.

TEL:82-63-212-6056 FAX:82-63-212-6059

（三）优质开发信的特点

1. 简洁

开发信遵从 KISS 原则：Keep it short and simple。开发信应该简洁，能用一句话说明白的就不要啰唆地用两句话。简洁再简洁地体现公司实力，用数字说话。千万不要啰唆地介绍自己的公司，客户在对产品感兴趣之前，是不想去深入了解对方公司的。

但不要为了追求这样的原则，强硬地对内容左删右减，结果变成："Hello, I am selling ×××. Call me and discuss more." 之类的无营养营销内容。

2. 出现关注的重点

发送开发信的直接目的是能得到客户的回复，关键点在于让客户对收到的邮件保持期待感和感兴趣。因此开发信一定要有让人关注的重点，这个重点就是产品。比如，专门提炼该款产品在客户所在的国家卖得非常好的数据，以己之长博人眼球，重点突出这款产品的优势。这样可以避免开发信过长，言之无物。关于经验、品质、款式、研发、服务、规模、价格等细节也要能抓住客户的关注点，切中要害。

3. 当地语种

虽然对于大部分国家可以用英语撰写开发信，但针对一些主要目标客户国，如果转换成当地的语种，会明显提高回复率。毫无疑问，对客户而言，其所在国家的语言相对英语来说更易理解。

二、开发信撰写流程

（一）撰写开发信的准备工作

开发信不在于多，贵在精。开发信的前期准备工作非常必要。很多外贸公司的业务员在开发新客户时，一个月发送出上千封开发信，但回复率很低。而有的业务员一个月可能只发送了几十封开发信，回复率却很高。产生差距的原因在于，前者只用一分钟甚至更少的时间查看客户网站，记录下邮箱，然后套用开发信模板发送，而后者非常重视前期准备工作，花费大量时间研究、分析、调查客户。即使前者的开发信写得非常出色，由于没有送达真正的买家，也不得不沦为垃圾邮件。

所谓"磨刀不误砍柴工"，在写开发信之前，一定要先对所要开发的客户进行详细的调查及分析。调查分析客户十分重要，甚至超过了开发信本身，原因如下：

（1）可以帮助外贸业务员找到对的人；

（2）可以让外贸业务员对潜在客户有更加详细的了解；

（3）很多材料可以作为开发信的素材；

（4）适当表现出对对方的了解，让对方好奇甚至惊讶，对自己产生兴趣。

只有这样才能做到知己知彼，而不是盲目地做无用功。

在发送开发信前，首先需要认真地分析一下客户资料。如果知道网站，更需要认真浏览。看客户的产品类型，和他们聊最畅销的产品及市场定位。一般情况下，不要发千篇一律的开发信给不同的客户，应针对客户的产品及客户的关注点推荐相关产品。这样会起到事半功倍的效果。虽然这样麻烦了一点，但会让客户感觉这封开发信是针对他而发的，从而引起客户的重视。

假设一家做一次性手套和衣服的外贸企业，在找美国市场的客户时，找到了HIGH FIVE 这个公司的网站。

打开网站，首先查看"ABOUT US"的内容。很多外贸业务员看看主页、看看产品页，然后就直奔"CONTACT US"页面去找邮箱。这是错误的习惯！

最有价值的信息点都藏在"ABOUT US"页面中。学会从公司简介中找到价值信息点：公司角色、性质、所处行业、主营产品、历史，甚至 CEO 介绍。另外，从"ABOUT US"页面中也经常能提炼出关键词，如图 5-1 所示。

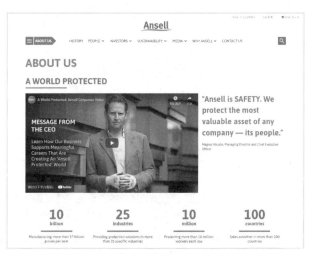

图 5-1 "ABOUT US"页面

接下来对信息进行提炼和筛检。经过初步分析，此客户为对口客户，继续"扒"信息。查看网站上部的频道导航条，找到该公司产品目录页面，下载并保存产品介绍到电脑中；查看规格、型号、包装、颜色、产品线是否齐全；等等。

大致看一下网站产品首页。首先映入眼前的是 4 张产品图片。放在首页的产品一定是这个公司的主打产品，如图 5-2 所示。

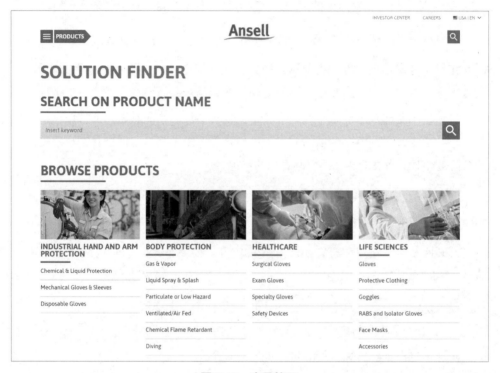

图 5-2 产品首页

在产品类别结构中，可以看到四大类。对产品分类越少的客户可能越专业，价格敏感度越高。这时可以在潜在客户信息表格里注明：价格敏感度偏高！

这时很多人就觉得这个客户就是对口客户了，下一步就准备去找邮箱了。

注意看这个网站左上角公司的 Logo，需要注意，在 Logo 的右上角有 ®，这是商标的标志。

一般大公司下面会有很多品牌。每个品牌都是单独运营的，一般只负责销售、品牌维护和客户服务，采购则一般由总公司负责。所以向这个网站发一百遍开发信，可能也不一定有人回复。有时候，一家公司会有多个网站，尤其是当这个公司的产品线下有多个品牌的时候。如果单独的一个品牌的产品线足够丰富，那么其就可能会有一个独立的网站。一定要看看网站主页底部的"版权声明"，即公司名＋版权文字（有的加上年代），如该公司为 © 2021 ANSELL LTD. ALL RIGHTS RESERVED。可以根据这里的信息寻找具体负责某一品类的子公司，进行沟通联系。

（二）标题

标题写作基本原则：要从用户的角度写，结合受众分析，挖掘受众心理需求。

一个好的标题要做到：主题明确、用词精简且吸引眼球。

1. 主题明确

一个不明确的主题，会让客户根本没兴趣去打开陌生人的邮件，也无法让客户明白其实这封邮件和他需要采购的产品是相关的，导致邮件未经打开便被清入垃圾箱。

2. 用词精简

用词精简即简单明了，说清楚事情。在当今的信息爆炸时代，35 个字符的邮件标题打开率是 20.1%，而高于 35 个字符的打开率仅为 15.28%。

3. 吸引眼球

例如，2 reasons let me write this email to you。

客户每天要处理几十上百封邮件，要想让自己的开发信被客户发现，首先就要让标题有吸引力，让客户感兴趣。吸引眼球的方式有很多，具体如下。

（1）大买家鼓励法：假设自己有个大买家是 Wal-Mart，那么组合方式可以选择产品名称＋大买家。比如，Re:Manufacturer of napkin/Supplier of Wal-Mart，这样就可能起到大买家效应。

（2）点名到姓法：例如，James,If You are interested in LED BULBS, You Have To Read This。这样客户在看标题时就会发现对方知道自己的名字，就会以为是认识的人，或者直接让客户产生了亲切感。

（3）认证吸引法：如果有些认证比较难通过而公司有，那么可以直接将认证名称加在标题里，这样对认证比较看重的客户就会被吸引过来。

（4）特低价吸引中小买家法：标题可以写上产品名称和型号，后面直接加特低价价格，许多中小买家会奇怪为什么产品这么便宜，由于他们订购的数量较少，所以一般获得的价格不会很低，那么这样的价格对他们来说是很有吸引力的，会吸引买家回复邮件以了解价格为什么会这么低。比如，某公司刚刚有大卖家订购过 10000 个 YLQ-001 型号的 LED 球泡灯，而生产下单时多生产了 1000 个灯泡，实际上这多出来的 1000 个灯泡的成本和前面的 10000 个灯泡的成本是一样的。这个时候用特低价吸引中小买家法可以获得更多的机会。

（5）赠送配件法：目前售后服务越来越得到消费者的青睐，对于公司的经销商客户，由于他们需要维护终端客户，那么赠送配件就会非常受他们喜欢，这相当于无形之中降低了他们的维护成本。

（三）称呼

1．明确的称谓

例如，Hello/ Hi ×××｛对方的名字｝！

Hello Purchasing Manager｛对方的职位｝！

（1）知道对方的名字。

例如，Dear Jone！

Hi,Jone！

Good Day Jone！

（2）不知道对方的名字。

例如，Dear Purchasing Manager/Product Manager；

Dear Manager；

Dear Director；

Dear Friend；

Dear Your Teams。

整体来说，称呼要亲切，能拉近与读信人的距离。把握这个原则就可以。

2. 避免使用比较官方或明显是群发的词汇

避免使用 Dear Sir/Madam 等比较官方或明显是群发的词汇。

（四）正文

1. 开发信正文写作的 "7C" 原则

（1）Clarity（清晰，清楚）。

内容用语一定不能太委婉，要一目了然，表达的意思要准确，不要使用一些存在歧义的句式。

（2）Conciseness（简洁）。

简单明了地把自己要表达的重点写出来，但在开头和结尾的礼貌用语不能删除，开头的招呼语通常最容易拉近自身与客户之间的关系。用简单、熟悉、常用的词，尽量不用生词；尽量用短句，不要用长句；坚决删掉与主题无关的内容，如客套、寒暄等。

（3）Correctness（正确）。

正确指的是单词拼写、英语语法、意思明确，还包括开发信内容中的数字和商业术语尤其是缩略语的规范。在与外国客户交流时常常会用到外贸缩略语，但用的时候一定要注意，不确定的要先查清楚再用。比如，一不小心把 Aap 习惯性地打成了 App，那么客户肯定会一头雾水。

（4）Concreteness（具体）。

不要总写一些疑问句，客户没有兴致去回复问题，尽量用主动语态写陈述句，涉及数字的要用具体的数字，不要用一些模糊的单词，否则客户会觉得对方其实对这些数字并不太了解，那又有什么可信度呢？

（5）Courtesy（礼貌）。

"人无礼不生，事无礼不成！"

（6）Consideration（体谅）。

在写信的时候不要只写一些自认为重要的内容，要站在潜在客户的角度，想想如果是自己收到这样一封开发信想看到的是什么。"跟对方合作对我有什么好处？""为什么要选择你？"这些在开发信里都是要体现的，总要给客户找一个选择你的理由。

（7）Completeness（完整）。

不但全文结构要完整，主题也别忘了，语意也要完整，不要话说一半。自己觉得说一半别人就明白，别人不一定觉得，意思要表达完整。

2．正文的一般结构（Format，Structure）

开发信的正文结构包括以下内容。

（1）Tell the recipient where you get their information［告知收件人你从哪里获取到他们的信息（目的为了拉近距离，避免太冒昧）］。

（2）Introduce yourself［介绍你自己（公司简介、主营产品）］。

（3）State your purpose（阐述你写信的目的）。

（4）Reference to future contact（表达未来合作愿望、联系方式）。

（5）The finish（签名档）。

3．范文

范文 1

Dear Mike Smith:

This is Sally from ABC Co.,ltd. We're pleased to know you and your esteemed company from Alibaba.com.

We supply Boy's pants with high quality and very competitive price for 10 years in China, Hope to find a way to cooperate with you.

E-catalogues and prices will be sent if needed.

Write me back or call me please, let's talk more in details.(Feel free to call me for any question or free samples.)

Thank you.

Best Regards

Yours sincerely

Sally

范文 2

Dear Mike Smith:

Are you looking for better supplier?

We supply boy pants to War-Mart with high quality for 5 years and Hope to find a way to cooperate with you.

After some research of your company, we find the following products might be of your interest:

Type 1: × × ×

Type 2: × × ×

Type 3: × × ×

Please feel free to call me for any question or free samples.

Thank you.

More surprises at www.pandagarmentsandaccessories.com

Best Regards.

Yours sincerely

Sally

（五）签名

开发信是客户的邮箱第一次接收的邮件，为顺利到达客户邮箱，签名建议使用纯文本格式，可列举以下信息：Name、Company、Tel、Fax、E-mail、Web。

三、开发信撰写要点与禁忌

（一）撰写要点

1. 开门见山

不要长篇大论地介绍自己的公司，只需要简短提一下，以表示对客户的尊重。如果公司有突出的优势，那么可以将其写出，但最好一笔带过。比如，公司与Wal-

Mart 合作了 5 年，可以这样写：We supply Boy's pants to War-Mart with high quality and competitive price for 5 years. Hope to cooperate with you!

2. 段落清晰、语言简单

许多刚毕业的学生比较喜欢炫耀自己的英语水平，总是喜欢把文字写得很出彩，各种语法、从句层出不穷，还喜欢用冷僻词，让人理解都需要很长时间。这么费劲的结果往往是回复杳无音信或客户就回过来一句话"No, Thanks."。国外客户往往喜欢用最简单的词汇来表达自己所要表达的东西。所以，外贸函电的精髓就是"简单简单再简单"，能用一个词表达的绝对不用两个词或短语，能用一句话写清楚的绝对不写两句，能用短句的绝对不用长句。

3. 有礼有节，表达合作愿望

对客户有礼貌，有开头称呼、问候、落款、祝好，并且字里行间表达对客户的尊重和诚恳合作的意愿。

4. 换位思考

写完开发信后，可以站在收件人（客户）的角度来看开发信，如果连自己都不能满意，那么需要重新修改后再行发送。

（二）撰写禁忌

禁忌事项之"四不四少"：

（1）不炫耀英文水平；

（2）不插入超链接或图片；

（3）不说毫无意义的废话；

（4）不长篇大论地介绍公司或工厂；

（5）少说从哪里得到的客人联系方式；

（6）少用第一人称；

（7）少用书面语；

（8）少用"中国式英语"。

任务二 关于邮件营销

一、邮件营销的定义、优势与特点

（一）邮件营销的定义

邮件营销（Email Direct Marketing，EDM），是在客户事先许可的前提下，通过电子邮件的方式向目标客户传递价值信息的一种网络营销手段。邮件营销有 3 个基本因素：客户许可、电子邮件传递信息、信息对客户有价值。3 个因素缺少任何一个，都不能称为有效的邮件营销。

邮件营销是利用电子邮件与受众客户进行商业交流的一种直销方式，广泛应用于网络营销领域。邮件营销是网络营销手法中最古老的一种，可以说邮件营销比绝大部分网站推广和网络营销手法都要古老。

（二）邮件营销的优势

1. 连续推销的机会

首先想象一个场景：一个浏览者，也就是潜在客户，通过搜索引擎来到某企业网站，这个潜在客户正在寻找某种产品，而该网站刚好可以提供这种产品。潜在客户浏览了网站的首页和产品页，很感兴趣，但并没有决定要在该网站购买。货比三家，这在什么时候都非常正常。潜在客户想再看看其他网站，所以又回到了搜索引擎。十分可惜的是，这个潜在客户极有可能永远不会再回到这个网站了。潜在客户甚至很可能不记得自己通过搜索什么关键词，点击了哪个链接，来到了哪个网站。潜在客户一旦离开特定网站，再次进入的概率很低，除非该网站已经是业内有名的品牌，到处有该网站的消息和链接。

一般电子商务网站的转化率为 1% 左右是正常的，也就是说一般情况下，99%的潜在客户来到企业的网站，没买东西就离开，以后再也不会回来了。这对于前期所有的网站推广而言实属浪费。

再想象另外一个场景：一个浏览者来到某企业网站，他想买某种产品或有一个问题要解决，该网站刚好能满足他的要求。不过毕竟是第一次来，潜在客户虽然感兴趣，但 99% 的可能性是他并不会马上购买。如果刚好该网站提供了一份电子杂志，并且注册电子杂志的用户可以得到十元优惠券，外加免费电子书。电子书讨论的话题正是这个潜在用户想解决的问题。那么，潜在客户很可能会填上名字及邮件地址，以得到优惠券及电子书。

网站运营者拿到了潜在客户的电子邮件地址，也就相当于拿到了后续沟通，不断提醒潜在用户企业存在的权利。用户通过企业发给他的电子书，以及电子杂志中的小窍门、行业新闻、节日问候等更加信任企业和企业网站。并且由于这些重复的提醒，潜在客户记住了该网站。当他决定要买这种产品时，该网站就在他的备选网站的最前面。

如果网站设计及电子杂志策划得当，注册电子杂志的转化率达到20%左右也是合理的。相对于1%的销售转化率，通过邮件营销将极大地提高最终销售转化率。

2. 几乎完美的营销渠道

邮件营销之所以效果出众，甚至造成垃圾邮件横行，最重要的原因之一是成本十分低廉。只要有邮件服务器，联系10个客户与联系成千上万个客户，成本几乎没什么区别。当然，如果营销人员要发上百万封邮件，情况就不同了，因为需要专用的服务器及非常大的带宽。

相比其他网络营销手法，邮件营销也十分快速。搜索引擎优化需要几个月，甚至几年的努力，才能充分发挥效果。博客营销更是需要时间及大量的文章。社会化网络营销需要花时间参与社区活动，建立广泛关系网。而邮件营销只要有邮件数据库在手，发送邮件后几小时之内就会看到效果，甚至产生订单。

许可式电子邮件营销（简称许可营销）的对象是最精准、最有可能转化为付费客户的一群人。以其他网络营销手法获得的客户大多是以随意浏览的心态进入企业网站的，并不是非常主动的。许可式营销则不同，凡进入邮件数据库的都是主动填写表格、主动要求企业发送相关信息给他们的一群人。在经过几封邮件的联系后，只要发送的信息对他们有帮助，他们将变成一群忠诚的订阅者。

邮件营销还使网站营销人员能长期与订阅者保持联系。订阅者连续几年看同一份电子杂志是很常见的。互联网上信息令人眼花缭乱，多不胜数。能数年保持与同一个订阅者的固定联系，在当今的互联网上是难能可贵的财富。以这种方式建立的强烈信任和品牌价值是很少有其他网络营销方式能够达到的。网站有任何新产品，或者有打折促销活动，都能及时传达给这批长期订阅者，销售转化率也比随机来到网站的客户高得多。

花费广告预算，把时间、精力投入网络营销中，潜在客户来到企业网站却不能直接转化为客户，营销人员也没有获得持续联系的机会，浪费不可说不大。许可式营销就是抓住潜在客户，获得后续联系机会的最佳方式。

（三）邮件营销的特点

1．范围广

CNNIC 数据显示，截至 2020 年 12 月，中国的网民规模为 9.89 亿人，互联网普及率达 70.4%，占全球网民的 1/5 左右。面对如此庞大的用户群，作为现代广告宣传手段的邮件营销正日益受到人们的重视。只要企业拥有足够多的邮箱地址，就可以在很短的时间内向数千万名目标客户发布广告信息，营销范围可以是中国全境乃至全球。

2．操作简单，效率高

使用专业邮件群发软件，单机可实现每天数百万封的发信速度。操作人员不需要懂得高深的计算机知识，不需要烦琐的制作及发送过程，发送上亿封广告邮件一般在几个工作日内便可完成。

3．成本低廉

邮件营销是一种低成本的营销方式，大部分的费用支出就是上网费，成本比传统广告形式要低得多。

4．应用范围广

广告的内容不受限制，适合各行各业。因为广告的载体就是电子邮件，所以广告具有信息量大、保存期长的特点，具有长期的宣传效果，而且收藏和传阅非常简单、方便。

5．针对性强，反馈率高

电子邮件本身具有定向性，企业可以针对某一特点的人群发送特定的广告邮件，企业可以根据需要按行业或地域等进行分类，然后针对目标客户进行广告邮件群发，使宣传一步到位，这样可使营销目标明确，效果非常好。

（四）邮件营销的分类

邮件开启社交。邮件是品牌之间可靠的沟通方式。在进行邮件营销时，企业会发送很多不同种类的邮件。这里将常见的邮件营销的邮件进行如下分类。

1．欢迎邮件

第一印象很重要。一封欢迎邮件可以决定关系基调。所以，向客户致以热烈隆重的欢迎吧！根据研究发现，欢迎邮件相比大量宣传信息产生了 4 倍的打开率和 5 倍的点击率。而且，收到欢迎邮件的订阅者，他们的长期品牌参与度约提高 33%。图 5-3 所示为一封欢迎邮件。

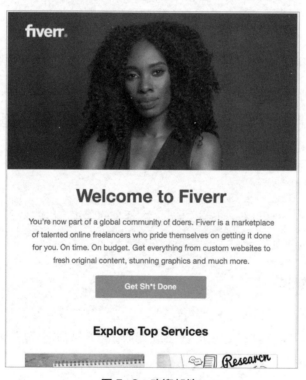

图 5-3　欢迎邮件

因此，欢迎新客户，让读者了解更多相关小企业的内容，并告诉他们未来将收到什么类型的邮件。Vertical Response 的丛书作者 Lisa Furgison 写道："进行邮件的写作时要用交谈的语气。欢迎邮件应该引人注目、洋溢热情，它就像一只无形的手，欢迎新的小组成员加入。"还有，要注意欢迎邮件的发送时间。不要在客户购买产品或注册企业的"时事通讯"两周之后才发送。

2. 采购邮件

发送采购邮件是为了让客户接触企业的产品（见图5-4），希望他们购买产品之后能真正去使用。Marketing Profs 的资深市场经理 Heather Rast 进一步解释说："采购邮件应该按时间序列分布，符合特定行为或行动。就像一个好的门房，采购邮件证实接受人的进展，提供推荐解决方案，重申最初购买动机。"

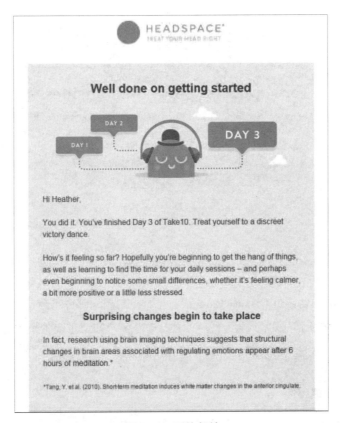

图5-4 采购邮件

这些邮件营销活动促使客户更快地接纳产品和服务，获得更好的增量收入，增加客户忠诚度。所以，发送电子邮件并附加视频教程和指南链接，可以督促客户在遇到问题或困扰时及时联系企业。

3. 感谢邮件

发送感谢邮件，以建立融洽的客户关系，如图5-5所示。要让客户感觉被重视，这是好企业的独到之处。根据美国小企业管理局的统计，"68% 的客户因为感觉不到企业的重视而离开。"所以，要更多地把客户当朋友对待，而不只是把他们当作收益来源。发送感谢邮件给客户，表达感激之情，建立重要的关系。

图 5-5　感谢邮件

Help Scout 的营销员 Gregory Ciotti 说："写一封感谢邮件不会花多少时间，但是对当下数字世界所产生的影响巨大。"不要觉得客户知道你对他们的感激，写一封感谢邮件向客户表达感激之情，可以带来经济增长。

4．客户反馈邮件

客户满意度是维持企业发展的关键因素，所以企业希望买家喜欢自己的产品。研究表明，客户维持率增加 5%，可以推动企业实现 25% ～ 95% 的盈利。想要维护更多客户，就给他们带来更好的客户体验吧。

发送客户反馈邮件是为了收集小企业的客户反馈，了解客户对企业的服务看法，弄清楚他们喜欢哪些，不喜欢哪些（见图 5-6）。OptiMonk 的首席执行官 Csaba Zajdo 写道："收集客户反馈是业务流程中必不可少的部分，负面反馈和正面反馈同样重要。"不要担心获得负面评论。负面评论可以帮助团队提高企业运作效率。所以，应鼓励客户提供真实的反馈。

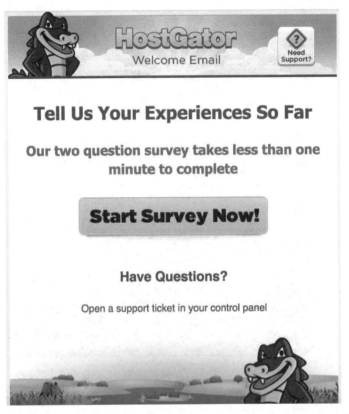

图 5-6 客户反馈邮件

提高客户体验，询问意见和反馈。例如，在客户反馈邮件中添加一个奖励，给提供反馈的客户一个小折扣，或者承诺打响他们在社交媒体的知名度。

5. 促销邮件

发送促销邮件是为了说服客户进行更多的消费，如图 5-7 所示。人们都喜欢听到他们最喜欢的品牌在打折，提供特价优惠。每一美元邮件营销花费带来的平均利润是 44.25 美元。如果邮件提供引人瞩目的折扣信息，客户更可能实施购买。

HubSpot 的特约撰稿人 Carly Stec 说："通过把促销作为一种'私有'销售，来利用独家经销权。"通常，这种产品品牌定位会使接受者感觉他们做出了特别的选择，鼓励他们充分抓住特别机会。

图 5-7　促销邮件

切勿每天发送促销邮件而淡化了影响效果，让他们感觉非常特别而不可思议。另外，创建醒目的行动号召，让客户知道促销活动，突出产品功效，吸引客户购买。

6. 提醒邮件

Baymard 研究机构的研究表明，68% 的在线购物车产品没有被购买，错失了大量销售。发送邮件给客户提醒他们返回网站。一个温和、有说服力的邮件会激发客户购买遗忘的产品或服务的欲望。

BI Intelligence 的资深分析员 Cooper Smith 写道："被放弃的购物车产品不会自动转化为'流失客户'。因为 3/4 放弃购物车产品的客户表示他们会返回零售商网站或商店购买产品。"

发送客户邮件，不仅要提到购物车产品，还要提醒他们注意产品价值，告诉客户购买该产品的重要性。例如，买家购买每月供应的维生素，刺激他们再订购以免耽误剂量。

少量投资电子邮件提醒可以增加收益，推动受众采取购买行动。

7．教育性邮件

不断向企业的客户传递一些相关知识，这是确保客户继续购买产品的有效方法。提醒客户那些对他们而言比较重要的信息。斯隆评论贡献者 Andreas Eisingerich 和 Simon Bell 写道："尽力提高客户见识，培养他们使用关键信息的技术和能力，帮助企业区分自己的服务产品，为建立良好的客户关系打下坚实的基础。"教育性邮件如图 5-8 所示。

图 5-8　教育性邮件

但需要注意的是，不要将营销材料当作教育性资料，这样的市场营销策略反而会使客户敬而远之。向客户传递一些行业知识，展示使用产品的新方法。比如，图 5-8 所示的 JotForm 就是一个很好的典型案例。而且，要教育客户做最好的品牌大使。当他们获得新信息，就会更主动地与其他人分享企业的品牌。所以，要努力让客户了解产品，促进客户购买。

二、邮件营销的应用

（一）邮件营销的工具

1．Html 邮件制作工具

使用 FrontPage、Dreamweaver 等网页编辑软件。

2．邮件发送工具

（1）使用免费邮箱，用个人或企业邮箱直接发送。

优势：在规则下，送达是稳定的；

劣势：特别耗费人手，单次群发数量少，容易被封号。

图 5-9 所示为便捷、免费的邮件营销软件 mailpanda 的首页，用户可以通过该首页了解一般的邮件营销软件的功能。

图 5-9　邮件营销软件 mailpanda 首页

（2）付费邮件营销平台。

人们可以在这类平台上购买邮箱的付费服务。

优势：邮件营销平台提供功能及模板完善，如发送数据跟踪统计功能、丰富的邮件模板，发送性能强大，成功率较高。

劣势：费用较高。

典型平台：WEBPOWER、SendCloud，如图 5-10、图 5-11 所示。

（3）自建邮件服务器。

优势：宽泛的规则与发送数量，直接费用低；

劣势：调试成本高，世界反垃圾邮件联盟、数据统计、配维技术。

例如，Linux：Postfix+Dovecot 配置邮件服务器；Windows：Winmail Mail Server 配置邮件服务器。

图 5-10 WEBPOWER

图 5-11 SendCloud

（二）邮件营销的步骤

开展邮件营销需解决 3 个基本问题：向哪些用户发送邮件，发送什么内容的电子邮件，以及如何发送这些邮件。下面介绍完整的邮件营销的 10 步骤。

1. 确定营销目标

为了让邮件营销方案有一个正确的开始，首先必须确定一个清晰的邮件营销目标。营销目标包括增加销售转化、推动网站流量、培育潜在客户、建立品牌认知、维护客户关系等。

2. 收集邮件列表

反向分析，哪些人才是企业邮件营销的受众？收件人决定邮件营销的价值度。根据邮件营销的目的及产品特质锁定目标受众，不要盲目撒网。思考企业的邮件谁会关心？谁会购买？谁会反馈？

邮件列表获取的方法包括利用互联网主动搜集，展会、朋友推荐等线下方式，购买地址库，内部产生和在线订阅。

（1）利用互联网主动搜集。

邮件营销的营销对象就是企业的潜在客户，潜在客户可以通过展会、黄页、行业网站、搜索引擎等互联网方式获得，而利用搜索引擎搜集邮件列表是外贸企业最常见的、使用频率最高的方式。下面介绍谷歌搜索的小技巧。

① 很多国家的买家都会使用一些公共邮箱系统，如印度的 rediff.com。

这时营销人员可以将 "@" 标志和要找的产品名称一起写到谷歌搜索栏中，幸运的情况下会找到很多买家，少的时候也能找到一两个。比如，要找手机的印度买家，就可以在谷歌搜索栏中输入 "@rediff.com mobile"。

公共邮箱很多，常用的有：印度的 @vsnl.com、巴基斯坦的 @cyber.net.pk、阿曼的 @omantel.net.om、意大利的 @libero.it、南非的 @webmail.co.za、新西兰的 @xtra.co.nz、新加坡的 @pacific.net.sg 等。除此之外，人们最常用的公共邮箱还有 @yahoo.com、@hotmail.com、@aol.com,@gmail.com 等。

② 任何产品都有名牌企业，尤其是世界 500 强企业，这时候可以搜索其 "Distributor" 或 "Dealer"（均指分销商）等。一般世界 500 强企业或名牌企业都会将其世界分销商写在自己的网站上。

③ 一般买家也会在一些商务网注册，这时将他的企业名称或邮箱输入谷歌搜索栏，一般会显示出他在哪些网站注册过。打开网站，我们会发现许多有用信息可以利用。

④ 一般每个国家都会有本国的著名搜索引擎。这时，搜索各国语言描述企业所卖的产品的单词，然后输入谷歌搜索栏进行搜索，会发现很多大买家，如德国的

Fireball.de.

⑤ 一般每个国家的企业名称后缀都不一样。比如，中国企业的后缀多为Co.,Ltd，美国企业的后缀多为 INC、LLC 等，意大利企业的后缀多为 S.R.L，西班牙企业的后缀多为 S.P.A。然后把产品名称或产品所属的哪个大范围的名称输入谷歌搜索栏，一般也会出现闪光客户。

⑥ 搜索本行业的展会。这里指的不是很出名的展会，因为出名的大家都知道了，都去抢了。要搜索地区性的，如在欧洲很有名，但没有影响到世界，这样的展会也有很多大买家。方法就是输入产品大类名称，再加上"Show""Fair"等词。找到它们的网站后，一般会有展会列表，直接复制到谷歌搜索栏去找邮箱，有的甚至把自己的邮箱也放上去了，这就省去了很多力气。

⑦ 各国的黄页商务网。很多垃圾黄页总会列举一堆企业，好坏都有，有的甚至打不开网站，关键是要挑精品。方法是循环使用的。比如，在黄页里找到了客户，便又可以利用上面讲的方法，把客户的公司名称放到谷歌搜索栏中去搜索，又会出来惊喜。

比如，巴基斯坦黄页，有"实在"客户。打开后点击"Business Catalogue"按钮，进入后输入产品名称搜索，会出来很多客户。耐心地一个一个地去点击查询这些客户，有很多客户有邮箱。当然，没邮箱的也可以把他们的公司名称输入谷歌搜索栏中再一次进行搜索。

⑧ 有的网站只有提交表单没邮箱。只要输入"www.×××.com cmail"有的就会显示出来邮箱，如果不行，就把 www. 去掉用".×××.com email"进行搜索。

⑨ 关键词。一个产品可能套用很多关键词。比如，产品是 Projector，因为它又属于 AV 系列，所以它又可以叫作 Electronics，还可以归为 Home Cinema 或 Home Theatre。用不同的关键词搜就可以出来许多不同的公司。等到这些关键词用得差不多了，再套用之前介绍的，在关键词的后面加公司后缀，如中国的是 Co.,Ltd、德国的是 GMBH 等，又可以找到很多。另外，可以在关键词后加上"av.com"，将其当作网站进行搜索，然后会找到很多包含 av.com 的企业。

⑩ 还可以上 www.google.de、www.google.uk 等不同国家的网站再进行搜索，结果更精确！

在谷歌里搜索：

a. 产品名称 +importers；

b. 产品名称 +distributors；

c. 产品名称 +wholesaler；

d. 产品名称 +buyer；

e. 产品名称 +supplier。

除了利用谷歌，以下还有些参考网站供卖家寻找客户。

a. 龙之向导——外贸网站向导；

b. 物贸导航网；

c. 环球会展网；

d. 商务部进口商名录数据库；

e. 海关总署网。

（2）展会、朋友推荐等线下方式。

中国进出口商品交易会，又称广交会，创办于 1957 年春季，每年于春秋两季在广州举办，是中国目前历史最长、层次最高、规模最大、商品种类最全、到会采购商最多、成交效果最好的综合性国际贸易盛会。

阿里巴巴国际站为付费会员提供一些增值服务，其中包括和全球 1000 强、中国 500 强企业联合在全国举办买家采购会。作为供应商甚至有机会在其所在的城市获得和这些买家面对面的生意洽谈机会。另外，阿里巴巴国际站致力于向全球买家展示中国企业，每年都会参加上百场海内外知名展会，这里聚集着非常多的专业买家，为会员带来更多商机。

另外，我们还可以通过政府、商会等朋友关系找客户，利用老客户相应的网络及人脉资源找客户。我们要重视老客户的关系维护，因为开发一个新客户的成本高于维护一个老客户的 5 倍。

（3）购买地址库。

购买地址库，即购买阿里巴巴国际站等第三方平台数据整理商的邮件列表等形式的资源数据，先小量购买，根据邮件数据跟踪效果再做决定。

（4）内部产生（自有网站 /App 的注册用户）。

① 通过自有网站的入口、渠道，引入列表（注册、活动等）。

② 通过其他社交 App 如 Facebook、Twitter 等开放入口引入。

（5）在线订阅。

通过创建电子邮件期刊等形式进行资讯、资料的推送，吸引客户订阅。

例如，邮件订阅。客户订阅后，杂志内容将以邮件形式发送至客户邮箱的"邮件订阅"文件夹中。网站、媒体等负责人，可申请发布自己的杂志。

优秀的邮件列表可以让邮件营销事半功倍。收集邮件地址的时候，有意识地进行数据分类，可提高列表相关性能，从而提高客户对邮件的反馈效果。

3．确认发送频率

频率是把双刃剑，发送频率过低，可能影响客户关系建立；发送频率过高，则很可能引起客户厌烦，造成客户退订邮件。确定一个合适的邮件发送频率，对于建立和保持长久良好的客户关系至关重要。

4．选择发送时间

发送时间为客户集中查阅邮件的时间，如上班时间。

（1）黑色星期一：星期一是公认最不适合群发邮件的一天。

（2）避开周末：人们更愿意把周末的时间花在跟家人团聚或户外活动上。

（3）周中最明智：大多数研究表明，在周二、周三、周四发送的邮件产生的效果最好。

5．打造有吸引力的邮件内容

（1）邮件内容的设计。

要依据营销策划与分析，按照内容策划与样式策划的思路来分别撰写邮件内容、设计邮件页面、传递不同主题，以期获得既定阶段目标。内容应清晰明了，语言简练，避免烦冗复杂。要写出能够让客户看下去的内容。做出明确的行动指引，让客户进入销售漏斗。页面样式要框架简洁，色泽清爽，重点突出。

进行邮件营销时，内容设计需要注意以下几点。

① 根据受众心理偏好制定内容策略，构建内容模块。比如，帮助客户解决什么问题？他们需要什么？我们提供什么？

② 内容不要太长。

③ 有计划的内容。这不是一锤子买卖，我们在乎长远，绝非一时。

④ 如果可以，请称呼客户名称，让客户感觉该邮件是针对他的，而不是被群发的。

邮件内容类型一般包括会员通道、电子刊物、新闻邮件、新产品通知、促销、优惠信息、不定期客户通知等。

邮件文字部分很重要。请确定邮件中包含了能吸引客户注意的内容要点、激动人心的新闻或特别有诱惑力的优惠等。

促销内容中要制造紧迫感，如"活动只剩最后 24 小时"；把最重要的信息放到邮件的第一段；使用项目符号让邮件内容更易阅读。好的邮件内容布局可以有效提高点击率和转化率。

（2）Html 邮件的制作。

① Html 邮件的优势：更美观、内容承载更多、利于发送方引导客户的关注点。

② Html 邮件案例，如图 5-12 所示。

③ Html 邮件的制作方法。

第一步：在对受众进行分析的基础上，规划好内容结构；要发送什么内容？内容分为哪几部分？分为哪些模块？分别如何展示，文字、视频还是图片？用一个框架图说明白为什么这么部署，放什么内容；达到什么目的和目标；什么地方是文字，大概放什么文字；什么地方是图，放什么图（见图 5-13）。

图 5-12　Html 邮件案例

图 5-13　Html 邮件框架

第二步：用 DW 按照框架图，实现它。

第一个例子：使用 DW 编辑从网上下载到本地的模板文件。很多网站提供免费或付费的邮件模板，企业可以根据邮件内容选择适当的模板类型进行下载，如图 5-14 所示。

图 5-14　邮件模板

将选好的模板下载下来，如图 5-15 所示。

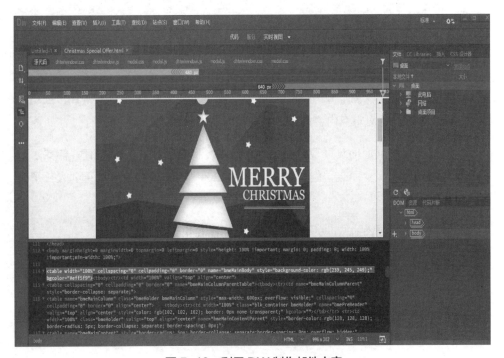

图 5-15　下载邮件模板

打开 DW，应用模板编辑、制作邮件内容，如图 5-16 所示。

图 5-16　利用 DW 制作邮件内容

第二个例子：用在线邮件模板编辑器直接在线编辑。

例如，http://www.m1vip.cn/，如图 5-17 所示。

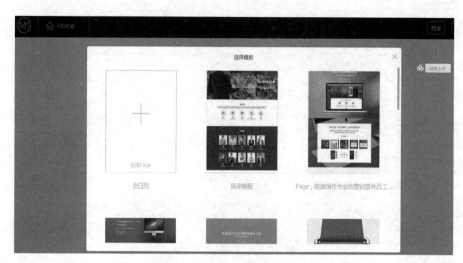

图 5-17　在线邮件模板编辑器

④ Html 邮件制作的注意事项。

a. 内容字体。邮件内容中不要使用奇怪的字体，或者多种不同的字体，否则会显得杂乱。

b. 颜色（框架、文字、图片）。主色要与内容主体或企业主题相吻合，且不要使用超过 3 种颜色；对重点内容的文字可加粗、变换颜色，但不宜频繁。

c. 尺寸。邮件页面的宽度应控制为 600 像素～ 800 像素，高度没有具体要求，一般根据邮件内容多少而定，但建议不要超过 1200 像素，即 2.5 屏，否则太长了会使客户产生反感。

d. 链接。为链接添加精准的着陆页是提高邮件转化率的关键。

e. 附件。群发性质的邮件尽量不要携带附件。

f. 注释。别忘了给图片加注释。

6. 撰写强有力的邮件标题

标题的好坏在很大程度上决定了邮件是否会被打开。

第一印象非常重要！研究显示，一个好的邮件标题所带来的邮件打开率要比一般的邮件标题高出 10 ～ 20 倍。

（1）开发信邮件打开率比较高的标题和关键词。

① { 介绍人 } Recommended I get intouch。

前提：必须是事实中有共同联系的人引荐、介绍。

② Don't sell last year's style. New arrival of ×××.

前提：公司有新品推出，或者该产品在目标客户市场里属于新产品。

③ Sending you an offer for ×××.

前提：这算是通用标题，但使用的最佳时机是推断得出对方处于采购季，或者获悉对方在发询盘。

④ Here is a way to crush your competitor.

前提：通过综合分析，比较了解客户市场，甚至是其竞争对手，而自己刚好有优势、有方案或有能力帮助他一起占领新的市场。

⑤ { 目标客户名字 }+ read this email to get benefited.

这是开发信里回复率较高的一个标题。原因有两个，一是一般人们看到自己的名字在邮件标题中，肯定会很好奇；二是人们对 "get benefited"（后面的内容）更加产生兴趣。

在这里提醒大家，一定不要做 "标题党"，避免出现题文不符的情况。

能帮助提高打开率的一些邮件标题关键词（仅供参考）：Tomorrow、Free、Alert、Daily、Update、Follow up、Intro/Introduction。

开发信邮件标题中应尽量避免的关键词：Final、Sales、Meeting、Special、Help、Discount、Partner。

（2）撰写标题小技巧。

① Re+ 简短的感叹句。

"Re" 的作用是给对方制造 "回信" 的感觉，客户一般倾向于联系已经联系过的供应商，因此标题前面加一个 "Re" 会使客户以为自己以前和对方联系过。一个简单的感叹句，能够勾起对方的好奇心，而且对应了邮件内容。

② 不要太营销，太商业，否则容易被一眼认为广告。

（3）标题模板。

① How to 句型。

人们都很想知道某些事情如何做。客户会结合自己的利益来思考，如 How to reduce purchase cost ? 这是一个吸引人眼球的高曝光率的句型。

② Secrets of _____ revealed.

发现 ××× 内幕。人们对隐私和内幕都很感兴趣。这个标题会给客户带来神秘感，让客户忍不住点开。

③ WARNING: Non't even think of _____until you_____.

人们都害怕和失去某些东西和机会。客户会结合自己的喜好来联想。这也是一个很强大的标题模板。

注意：关键信息放在标题前面部分；营造紧迫感；提供优惠；使用个性化字段等。

7. "Call-to-Action" 按钮 / 链接

"Call-to-Action" 可以解释为 "行动号召 / 呼吁采取行动"，是唤起收件人注意并鼓励他行动起来的口号。"Call-to-Action" 按钮 / 链接可以理解为，在某一次邮件营销活动中，激励并呼吁收件人行动起来，完成某个动作，实现有效转化的口号性的按钮或链接。例如，线上购买、立即注册等。

无论是哪种类型的邮件（如促销活动、新品推荐、E-Newsletter、会议邀请等），一定要加入明确、清晰的 "Call-to-Action" 按钮 / 链接。因为，只有实现转化，才能体现邮件营销的价值。

在邮件中加一个 "点击这里" 或 "立即购买" 之类的 "Call-to-Action" 按钮 / 链接，可以有效促使客户立即采取行动，提高点击率和转化率。

如何设计一个有效的 "Call-to-Action" 按钮 / 链接，激励客户采取行动呢？

首先，需要注意以下几点。

（1）步骤清晰：通过清晰的步骤，告诉收件人下一步需要做什么；

（2）主题明确：避免产生猜测的时间，让用户在数秒内就能明确邮件主题；

（3）激励口号：采用 "呼吁行动" 感比较强烈或迫切的关键词，激励收件人行动起来。

其次，合理应用以下技巧。

（1）颜色技巧——采用积极明亮颜色的按钮。

在邮件中采用积极明亮的颜色，与其他部分形成强烈的对比，让客户对邮件的目标一目了然并迅速采取行动。

应用实例1：在邮件突出位置，采用颜色鲜明的对号，呼吁客户参与投票，如图5-18所示。

图5-18 应用实例1

（2）关键词技巧——采用号召感较强烈或具迫切感的关键词。

例如，立即购买；免费注册；马上投票；××%折扣活动仅限××月××日；活动截止至××月××日。

应用实例2：

- 营造时间的紧迫感：活动倒计时24小时；

- 诱人的会员超低折扣：购买即可享受30%的折扣；

- 通过"SHOP NOW"按钮引导客户进行购买，如图5-19所示。

图 5-19　应用实例 2

（3）位置技巧——尽量选在邮件的中上位置。

将"行动号召"放在邮件的中上位置，即预览窗口区域。邮件的预览窗口区域，是邮件最重要的位置，如图 5-20 所示。因为客户往往习惯于先停留在预览窗口中预览邮件部分信息及邮件主题，再决定是否打开邮件继续阅读。

图 5-20　预览窗口区域

在预览窗口，通过有效的"Call-to-Action"展示，可以提醒客户去阅读更多信息，并号召他们迅速做出反应，从而提高邮件点击率，实现有效的转化。

（4）适当的留白技巧。

"Call-to-Action"按钮 / 链接周围的留白若控制得当，可以减少邮件中其他信息元素的干扰，集中客户的注意力。留白应用实例如图 5-21 所示。

图 5-21　留白应用实例

8. 个性化内容

无论何时，一对一交流的感觉总要好于被群发的感觉。营销人员应从努力地想要体现专业、官方的说话模式中解放出来，把客户和潜在客户当成自己的朋友，以聊天的口吻和他们沟通。

9. 包含退订链接

不要"绑架"收件人，让他们成为邮件内容的"奴隶"。

邮件中必须包含退订链接，方便那些不想继续接收邮件的客户退订企业的邮件。这样做不仅可以有效降低投诉率，也符合相关法律的规定。

10. 效果跟踪及分析

与传统的营销工具相比，邮件营销最实用并且最有价值的一点就是营销结果可追踪、可衡量。效果跟踪是邮件营销软件的一个基本功能，一般包含邮件的打开、点击、转化等。跟踪报告对于改进邮件营销方案非常有用。比如，通过跟踪邮件中的链接点击情况可以知道客户对哪些内容感兴趣。

（1）弹回率（Bounce Rate）。

弹回率是被弹回邮件数目占发送总数的百分比。计算公式如下：

$$弹回率 = 弹回的邮件地址总数 / 发送的 Email 总数$$

例如，如果发送了 100 封邮件，20 封被弹回，每封邮件的弹回概率是 0.20，转化成百分比为 20%。

（2）未弹回率（Non-bounce Rate）。

一般情况下，未弹回邮件总数是指未被弹回的邮件数目即发送的数目。其计算公式如下：

$$未弹回的邮件总数 = 邮件发送总数 - 弹回总数$$

未弹回邮件有时用百分比表示，有时用数字表示，因为打开率的计算是基于数字的，所以数字的应用更加广泛。有些邮件没有被视为弹回邮件，但在严格意义上也不能定义为送达的邮件，因为某些互联网服务提供商将邮件错误地发送到了客户无法获取的垃圾邮件箱。在不能确定是否未被弹回的邮件成功发送情况下，假设未被弹回的邮件到达了目标受众，未弹回率一般等于送达率（Delivery Rate）。

（3）打开率（Open Rate）。

打开率是指在邮件营销活动中，目标受众打开邮件的数量占整个送达总数的百分比。邮件的打开率统计包括邮件接收者在预览窗口或网页版本中显示图片、接收者点击了邮件中的链接。其计算公式如下：

$$打开率 = 邮件打开总数 / 未弹回的邮件总数（或成功送达的总数）$$

邮件打开率是衡量邮件营销活动效果的重要指标，可以用来分析产品所受关注和欢迎的程度如何。同时，越来越多客户的邮件客户端的默认设置是点击显示图片，有些客户根本不下载图片查看邮件。基于这种情况，真正浏览过的目标客户数可能会高于跟踪报表显示的数据。注意：没有任何链接或图片的纯文本邮件是不可追踪的。

（4）点击率（Click Through Rate）。

点击率是指在邮件中点击了一个或多个链接的目标受众数占总体打开数的百分比。其计算公式如下：

$$点击率 = 点击链接的用户总数 / 邮件送达总数$$

计算点击率的步骤如下。

第一步：计算点击链接的目标受众人数，一个订阅者可以进行多次点击，计算时不可重复；

第二步：用点击链接的目标受众人数除以送达总数，算出邮件的点击率，转化为百分比。

在邮件中点击一个链接会在追踪中显示为一个打开，点击率永远不会超过打开率。点击总数偶尔会超过打开总数，原因是某些邮件接收者在邮件中多次点击一个链接或点击多于一个的链接。即使订阅者点击了多次，点击率也只表示点击链接的订阅者人数，而不是点击的总数。大多数邮件追踪报告既显示了每个人的点击总数，也显示了哪些链接被点击。上面所介绍的数据都是非常直观的、从系统报表中能够清晰获得的数据，而一个邮件营销活动是否成功，仅仅关注这些数据是不够的。

（5）转化率（Conversion Rate）。

转化率是指针对一个特定的邮件营销活动，收件人对活动回应的比率。转化率可以用来衡量某一次邮件营销活动的成功程度；可以通过对邮件发送后，网站流量的变化、产品销售的增长、电话回馈数量、得到的预约机会、回答问卷调查比例等指标进行衡量。

（三）邮件营销的注意事项

（1）邮件营销的原则：尊重客户选择权利、以客户关系为重点、内容突出个性特征、主题突出言简意赅、慎选邮件文件格式、及时更新邮件地址、优选发信时机和频率。

（2）为了提升邮件的打开率、点击率，可对邮件内容进行 A/B 测试。

进行 A/B 测试是为了选出效果最好的版本进行使用而进行的测试。企业一般会设计两个或两个以上不同的版本，在同一时间维度，分别让组成成分相同（相似）的访客群组随机的访问这些版本，收集各群组的客户体验数据和业务数据，经过比较后得出效果最好的版本并采纳。

A/B 测试可测试的对象包括：

① 标题形式；

② 邮件来源；

③ 邮件设计；

④ "Call-to-Action" 按钮 / 链接；

⑤ 邮件长度。

（3）邮件地址管理：尽量避免错误的邮件地址，请求客户使用可以正常通信的邮件地址，鼓励客户更新邮件地址，对企业邮件地址资源进行必要的管理，尽可能修复失效的邮件地址，对邮件被退回的过程有正确的了解。

项目小结

通过本项目的学习，学生对邮件营销相关知识及技能有了一定的认识和掌握。知道了什么是开发信，了解了开发信的撰写流程，掌握了开发信的撰写方法和技巧，能够撰写开发信；熟悉了跨境电子商务邮件营销的流程，掌握了跨境电子商务邮件营销的步骤、方法和技巧，能够分析营销目标并设计制作邮件内容。

项 目

六

阿里巴巴国际站直通车推广

　　对于在阿里巴巴国际站开店运营的外贸商家，直通车一定是绕不过去的话题。除非商家本身就有很稳定的海外客源，直接由线下转线上，否则想要快速提升询盘量和销售，少不了要使用阿里巴巴国际站的直通车工具进行在线营销。

学习目标

知识目标

1. 知道直通车的功能；

2. 了解直通车的相关规则，包括展示规则、排名规则和扣费规则；

3. 熟悉直通车推广的流程；

4. 掌握直通车设置技巧；

能力目标

1. 能够设计直通车推广方案；

2. 能够设置直通车为产品引流并完成产品推广优化；

3. 能够利用直通车智能推广进行产品推广。

项目概述

直通车是阿里巴巴国际站推出的全球在线推广服务，旨在帮助中小外贸企业迅速精准定位海外买家，扩大产品营销渠道。本项目将介绍直通车相关规则、直通车设置流程及优化方法等相关知识和操作。

任务分解

本项目分5个任务介绍阿里巴巴国际站直通车推广，包括认识直通车、直通车方案设计与推广、数据与账户、智能推广、数据报告。学生重点学习和掌握直通车推广的流程、操作步骤，熟悉用直通车进行推广后会遇到的问题及解决办法。

任务一　认识直通车

直通车（Pay for Performance，P4P），是阿里巴巴会员企业通过自主设置多维度关键词，并对关键词进行出价竞争，从而获得免费展示产品信息的机会，吸引买家点击产品信息，并且按照点击进行付费的全新网络推广方式。其实就是通过出价竞争产品排名获得免费曝光，并按点击付费的推广方式。

一、直通车的优势

直通车的优势：流量大、排名靠前、展示免费、全面覆盖流量、精准推广。

1. 流量大

根据阿里巴巴国际站的流量占比排序，直通车所占流量为总流量的61.54%，已经超过阿里巴巴国际站主站的一半。

2. 排名靠前

根据阿里巴巴国际站的产品排序展示，直通车产品的排名一般都在页面比较显眼的位置，且有特定的展示位置。

3. 展示免费

直通车产品的特点是免费展示，点击扣费。阿里巴巴国际站平台流量的逻辑是"曝光—点击—反馈"，而免费展示可以让企业用户获得大量的数据累积。一般情况下，当产品获得大量曝光后，点击量一般与曝光量成正比，进而才会有反馈，而在此过程中会形成数据累积。当单个产品的数据累积较好时，整个平台权重就会提成，权重提升后对直通车出价产生影响，价格的变动又会对流量产生新的作用。直通车的流量逻辑如图6-1所示。

图6-1　直通车的流量逻辑

4. 全面覆盖流量

直通车是通过添加多维度关键词来进行全面推广的。无论买家搜索热度高的关键词还是搜索热度低的关键词，只要进行相关搜索，就会有卖家的产品展示，这种推广方式称为"撒网模式"。

5．精准推广

卖家可以灵活地设置想要推广的产品，添加自己想推广的关键词，根据客户市场的时段手动开启、关闭直通车推广服务从而精准把控直通车推广时间段。

二、直通车相关规则

（一）展示规则

目前国际站流量主要来源于买家端 App、无线 Web 端和 PC 端 3 个端口。产品展示规则各不相同。

1．买家端 App

1 个直通车加 3 个自然产品、10 个直通车产品，呈"1-3-1-3…1-3"排列。直通车产品右下角带"Ad"标志，最多展示 10 个直通车产品，如图 6-2 所示。

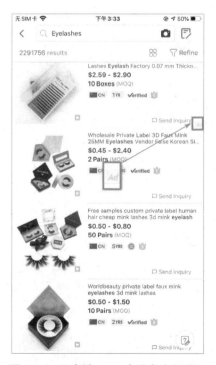

图 6-2　买家端 App 直通车产品展示

2. 无线 Web 端

对展示的直通车广告（顶展）和自然搜索结果进行打散展示，每两个广告中间掺入 1 个自然产品（产品标题后面有 "Ad" 标志就是直通车产品，点击之后会有文案解释）。无线 Web 端最多展示 15 个直通车产品，呈 "2-1-2-1…" 排列，直通车产品右下角带有 "Ad" 标志，如图 6-3、图 6-4 所示。

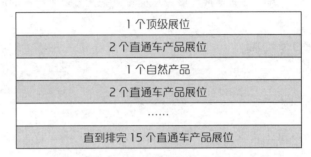

图 6-3　无线 Web 端直通车产品展示规则

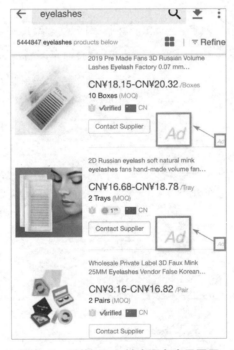

图 6-4　无线 Web 端直通车产品展示

3. PC 端

在 PC 端，主搜区会展示 5 个直通车产品，且带有 "Ad" 标志；底部搜索区会展示 5 个直通车产品，如图 6-5 ～图 6-7 所示。

图 6-5　PC 端直通车产品展示规则

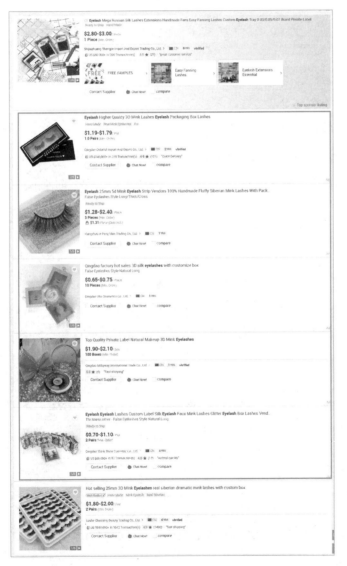

图 6-6　主搜区产品

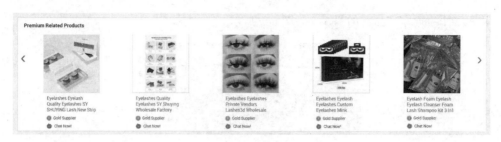

图 6-7　底部搜索区产品

（二）排名规则

1. 排名规则公式

排名规则公式如下：

$$直通车产品排名 = 关键词出价 × 推广评分$$

从排名规则公式可看出，除了关键词出价会直接影响排名，推广评分对排名的影响也非常大。在相同的推广评分下，出价高则排名高，若推广评分低，即使出高价，则排名也不会太高。

2. 推广评分及优化

推广评分即关键词匹配产品的产品星级，是指关键词和产品的相关程度，以及产品的信息质量，是影响产品展现区域及排名的重要因素之一。单单一个产品拿出来是没有评分可言的，只有和不同的关键词匹配之后才会有评分的概念。

推广评分后台展示如图 6-8 所示。

星级	产品与推广词的相关度	产品的买家喜好度
★	低	低
★★	低	较高
★★★	高	低
★★★★	高	较高
★★★★★	高	高

图 6-8　推广评分后台展示

推广评分达到 3 星及 3 星以上为高星级，则可以对关键词进行适当出价。推广评分为 0～2 星的都为低星级，这时关键词出价非常高，且排名不理想，需要对这类关键词进行优化。

将加入直通车的关键词与所发布产品的标题进行匹配,匹配度越高则星级越高。例如,推广的关键词为 wood chairs,如图 6-9 所示。

图 6-9 推广评分示例

根据后台所匹配的推广评分为 2 星,结合以上描述为低星级,需要对此进行优化。查看该词所推广的产品,寻找低星级原因,并对此进行优化。

先查看低星级的原因,主要原因有以下几种。

① 关键词在所有产品的标题中无匹配,或匹配度不高,如图 6-10 所示。

图 6-10 关键词与产品的匹配情况

② 关键词与所推广的产品标题匹配,但产品发布类目有误,导致关键词星级低、匹配度低,如图 6-11 ~图 6-13 所示。

图 6-11　产品发布类目有误

图 6-12　错误类目

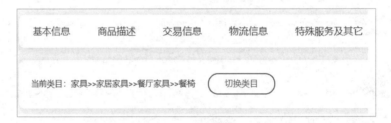

图 6-13　正确类目

优化方法：

① 用该低星级关键词重新发布一个新的产品链接，不改变关键词顺序地填写在新的产品标题中，并把关键词置后书写；

② 直接修改推广的产品标题，按照所推广关键词的顺序写进标题中；

③ 修改所推广产品中包含推广关键词的类目，对错误类目进行修改。

以上 3 种方法均可提升推广评分，第二种方式被采取得更多，且不会影响已发布产品的效果。

（三）扣费规则

直通车产品被点击后，按照固定公式 / 标准进行扣费，如下：

直通车扣费 =（下一名出价 × 下一名产品推广评分）/ 该客户产品的推广评分 +0.1

每天美国西部时间零点会重新计算当天累积扣费。若同一 IP 在短时间内被重复点击多次，直通车扣费按一次计算。从上述公式可以看出，扣费不一定等于出价，扣费 ≤ 出价。当产品排在竞争该关键词客户的最后一名时，或者是这个关键词下曝光的唯一一个推广产品时，客户所需要支付的点击价格为该产品关键词的出价，即最后一名扣费等于出价。

案例：A、B、C、D 4 个供应商同一关键词的推广评分、出价、排名和扣费情况，如图 6-14 所示。从案例中可以看出，推广评分的高低直接影响扣费金额，所以提高推广评分是降低直通车花费的关键要素（注意：实际后台页面中的推广评分是以星级的形式展示的）。

供应商	出价	产品推广评分	总分	排名	扣费
A	16	20	320	2	14.1
B	14	20	280	3	12.6
C	12	30	360	1	10.8
D	10	25	250	4	10.0

图 6-14　供应商关键词竞价情况

由图 6-14 还可以看出，出价和扣费不同，扣费小于出价，当最后一名被点击后，扣费等于出价。

任务二　直通车方案设计与推广

直通车推广的主要流程如图 6-15 所示。

账户设置　　　添加关键词　　　关键词分组　　　关键词出价
推广产品设置

图 6-15　直通车推广的主要流程

一、推广限额设置

推广限额即每日推广消耗上限,可自主对每日消耗费用进行设置,避免消耗超出预算。

在直通车的关键词推广中,可修改每天消耗上限,随时可进行更改,如图 6-16 所示。

图 6-16　推广限额设置

注意:每日消耗预算的设置金额需要结合自身行业的关键词价格和期望达到的效果来进行设定。比如,在包装袋行业中,关键词的平均前五出价为 15 元,设定 150 元预算每日可获得 10 个点击,预算越高则点击量越高。

二、推广产品设置

直通车首次开通时,需要将产品手动添加在推广产品库中,如图 6-17 所示。

图 6-17　推广管理

单击图6-17右侧的"推广产品设置"按钮，添加需要推广的产品，如图6-18所示。

图6-18 推广产品设置

单击图6-18左侧的"产品分组"按钮，分别按批次加入推广。加入推广的产品也可通过单击"取消推广"按钮取消，取消后则产品不与关键词产生匹配。

三、添加关键词

在图6-19所示页面中单击"添加关键词"按钮，自主选择需要添加的关键词。

图6-19 "推广管理"页面

在产品推广初期可以尽量多地添加关键词，关键词的覆盖面越广，产品被展示的机会也就越大，所能吸引的潜在客户也就越多。

登录阿里巴巴国际站，进入后台，在"营销中心"页面选择"外贸直通车"板块，单击"关键词推广"页面中的"添加关键词"按钮进行关键词添加。

1. 系统推荐

系统会根据推广的关键词为卖家推荐相关维度的关键词，包括综合推荐词、网站热门词、高转化词、低成本词等，如图 6-20 所示。这些词是最近 30 天的海外买家搜索词，并且系统推荐的关键词是和卖家产品相匹配的。对于行业关联词，卖家可以筛选自己需要的词进行添加。

图 6-20　系统推荐

2. 相关搜索

卖家可以用主打关键词进行搜索，通过搜索结果选择匹配的关键词添加，如图 6-21 所示。

图 6-21 相关搜索

3. 批量添加

卖家可以在左侧的方框中填写想要添加的关键词，每次最多可添加 200 个，单击"下一步"按钮出价即可，如图 6-22 所示。

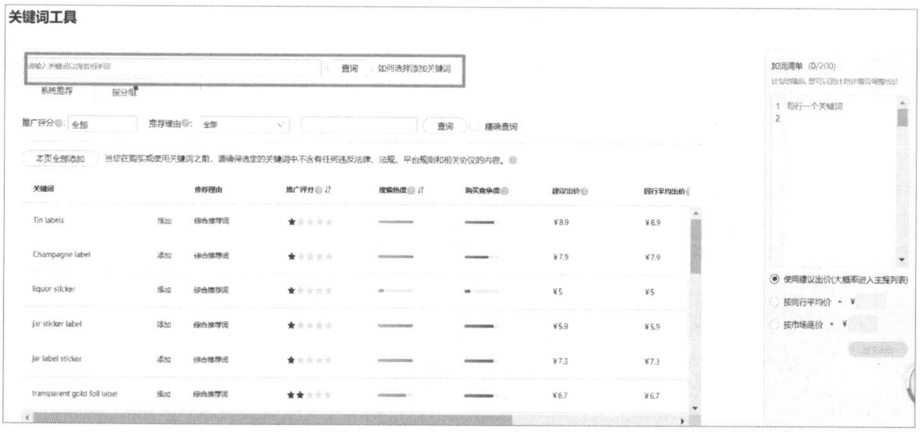

图 6-22 批量添加关键词

　　批量添加的关键词主要来自卖家发布产品时从后台"数据管家"导出的关键词表格，卖家可以从表格中批量复制关键词，并加入直通车推广。

四、关键词分组

　　在"外贸直通车"板块单击"关键词推广"按钮进入下一页。单击"新增关键词组"按钮，可新建关键词分组，如图 6-23 所示；单击已有关键词名称，修改所属组，可以对已经建好的关键词组的名称进行修改，如图 6-24 所示。其中一个关键词可以出现在多个分组当中，如图 6-25 所示。

图 6-23　新建关键词分组

图 6-24　修改名称

图6-25 一个关键词出现在多个分组当中

关键词分组方法有多种，可参考以下几种分组方式。

（1）按照关键词星级分组，即高星级关键词组、低星级关键词组。低星级关键词组需要在后期优化后再分到高星级关键词组中。

（2）按照产品的类别分组。比如，对于礼品类这些种类较多的产品，可按照本子、饰品、玩具等进行分组。

（3）按照关键词热度高低进行分组。关键词在推广管理中有高低热度之分，热度条满为高热度。如图6-26所示，左图搜索热度高，右图搜索热度低。

推广产品数 ?	推广评分 ?	搜索热度 ↓	推广产品数 ?	推广评分 ?	搜索热度 ↓
16	★★★★★	▭▭▭▭▭	5	★★★★★	▭
6	★★★★★	▭▭▭▭▭	16	★★★★☆	▭
2	★★★★★	▭▭▭▭▭	5	★★★☆☆	▭
11	★★★★★	▭▭▭▭▭	18	★★★★★	▭
9	★★★★★	▭▭▭▭▭	6	★★★★★	▭

图6-26 搜索热度

（4）按主词和长尾关键词进行分组。主词为主打关键词，简短且搜索热度高；长尾关键词是主打关键词加上修饰语后形成的由几个单词组成的关键词，热度低。

五、关键词出价

（一）修改关键词出价

点击关键词出价可以对价格进行调整，若关键词星级为3星及3星以上，点击价格后直接能看到排到前五名所需要的价格，选择之后单击"确定"按钮即可，预估排名也会跟着发生变化，如图 6-27 所示。

图 6-27　3 星及 3 星以上关键词修改价格

若关键词星级为 3 星以下，点击价格之后则无法看到前五位的出价，且无论卖家出多高的价格都只能在第六名以后的其他位置。另外，由于关键词和产品的匹配度不够高，需要卖家优化对应的产品信息质量，如图 6-28 所示。

图 6-28　3 星以下关键词修改价格

（二）关键词出价技巧

（1）初步添加的关键词出价可以参考同行平均出价，后期再进行修改。

（2）可以选择在北京时间 9:00 左右、16:00—18:00、20:00 左右 3 个时间段进行出价。

9:00 之前的关键词价格低，排名前五所消耗的费用低。16:00—18:00 的费用较高，且 15:00 为直通车更新时间点，关键词消耗快，可以降低价格。20:00 以后为搜索高峰期，可以出价提高排名。

（3）高价大词挑时段出价，排在右侧或其他位置。使中低价、相关度高的关键词尽可能地进入排名前五。

（4）对于部分每日价格变化不大的关键词，可以单独分组，且定期观察价格，不用每日调价。

六、星级优化

在"营销中心"的"外贸直通车"板块中，单击"推广诊断优化"—"优化工具"—"质量分优化"，进入图 6-29 所示的页面。系统已经将所有目前需要卖家优化的 1～3 星潜力关键词的提升点进行了展示，卖家只需要单击"优化"按钮即可进入产品信息编辑页面。

图 6-29　优化工具

任务三　数据与账户

直通车的推广效果和使用数据在"报表"板块可进行查看，包括基础报告、流量报告，分别如图 6-30、图 6-31 所示。基础报告包含计划报告和产品报告；流量报告包含词报告、定向报告、小时报告和地域报告。

图 6-30 基础报告

图 6-31 流量报告

一、直通车分析方法——"三看一查"

1. "三看"

（1）看计划报告：检查整个账户计划的健康状况——维度点击量、平均点击花费、推广时长。

（2）看产品报告：检查近 30 天的点击都来自哪些产品，是否为公司主推产品，点击多的是否转化出了询盘。

（3）看关键词报告：有点击的关键词是否为公司经营产品类目的关键词；是否存在点击非常集中的关键词，排查是否有询盘；是否存在曝光率很高的关键词，排查点击情况。

2. "一查"

找出点击率高的产品或关键词，结合"数据管家"排查是否有反馈。

二、直通车推广后会遇到的问题及解决办法

1. 推广时间短

图 6-32 所示为直通车推广时间短的案例。

日期	曝光量	点击量	点击率	花费	平均点击花费	推广时长
2021-07-21	4952	14	0.28%	¥120.00	¥8.57	10.3h
2021-07-20	2735	11	0.40%	¥120.00	¥10.91	5.9h
2021-07-19	22077	21	0.10%	¥120.00	¥5.71	13.5h
2021-07-18	251	6	2.39%	¥120.00	¥20.00	3.0h
2021-07-17	1402	11	0.78%	¥120.00	¥10.91	17.3h
2021-07-16	6369	17	0.27%	¥84.08	¥4.95	20.1h
2021-07-15	12575	21	0.17%	¥118.98	¥5.67	24.0h

图 6-32　直通车推广时间短的案例

上述案例中的推广时间只有十几个小时，未达到 24 小时推广。主要原因有以下几点：

① 关键词价格高，出价偏高，导致花费较快；

② 关键词热度高，花费较快；

③ 点击过于集中，部分关键词占据大部分点击，导致花费快。

解决办法：

① 降低关键词出价，延长推广时长；

② 增加中低热度关键词，降低高热度词出价；

③ 控制点击集中的关键词，使点击分散。

2. 曝光高、点击少

图 6-33 所示为直通车推广曝光高、点击少的案例。

日期 ↓↑	曝光量 ↓↑	点击量 ↓↑	点击率 ↓↑	花费 ↓↑	平均点击花费 ↓↑	推广时长 ↓↑
2021-07-12	11932	24	0.20%	￥113.71	￥4.74	14.2h
2021-07-10	11576	21	0.18%	￥95.07	￥4.53	14.0h
2021-07-09	1422	18	1.27%	￥97.78	￥5.43	13.6h
2021-07-08	4101	18	0.44%	￥101.19	￥5.62	14.9h
2021-07-07	5085	27	0.53%	￥165.23	￥6.12	13.4h
2021-07-06	2755	20	0.73%	￥128.34	￥6.42	11.1h

图 6-33　直通车曝光、高点击少的案例

原因：

① 关键词出价排名基本偏向靠后，总体出价过于保守，导致排名位置不利；

② 产品图片不够美观，产品价格偏高无吸引力；

③ 平台流量异常，个别关键词虚曝光剧增。

解决办法：

① 排查每月高曝光关键词，对点击转化率低的产品进行产品分析；

② 优化图片、标题等信息使之更契合客户需求；

③ 对于图片标题诊断没有问题的产品，做排名调整，使产品出现在点击率高的资源位；

④ 观察流量异常关键词，确定为流量异常，可暂停推广一段时间。

3．点击高、询盘少

原因：

① 关键词与实际产品的匹配度低，导致客户访问跳出率增高；

② 关键词对应产品的内页展示质量差、信息不全面，在同行中没有优势体现；

③ 展示产品定位不准确，没有利用重复引流为客户带来更好的访问体验。

解决办法：

① 排查每月有点击的关键词，是否为匹配关键词，将非匹配关键词的花费转移到精准匹配关键词上；

② 结合"数据管家"，排查点击量大、反馈少的关键词，对相应产品进行优化，不浪费直通车带来的点击；

③ 结合"数据管家"—"我的产品"，针对有点击、询盘少的产品，在内页做更多的相关产品推送，增加访客停留时间。

三、优化建议

（1）海量策略：增加直通车推广关键词的数量，全面增加引流工作。

（2）精准策略：对推广关键词进行精准度排查，全面降低费用浪费。

（3）竞价策略：合理化出价时间控制，抢占最有利的流量数据。

（4）质量策略：提升关键词星级，降低花费成本。

任务四　智能推广

直通车中除了关键词推广，以下三大类推广方式均属于智能推广方式。

（1）常规营销：定向推广、快速引流；

（2）货品营销：新品成长、测品测款、爆品助推；

（3）买家引流：趋势明星、优选人群引流、新买家引流。

一、常规营销

（一）定向推广介绍

定向推广：除系统选词外还，客户可自主添加关键词，系统智能匹配流量，对特定的人群和地域有溢价功能。

定向推广支持一个账户设置多个计划管理，并以计划为单位支持客户进行预算、出价、重点人群推广、重点地域推广、关键词屏蔽等设置，从而支持客户进行多样化营销。

适合的客户群体：有特定人群和地域推广需求的商家，可以在此推广方式中设定人群与地域标签及溢价。

建议推广的产品：有针对性客户群体或特定地域商机的产品。

（二）定向推广的优势

1. 更精准的人群营销

通过人群定向、地域定向等投放设置，对流量进行分人群、分地域出价，实现流量抢占，做到有的放矢。

2. 更可控的预算管理

不同的计划支持单独设置消耗上限和点击出价，推广费用跟着不同的营销目标走。

3. 更灵活的推广运营

通过分计划的推广管理模式，结合产品类目/分组、新品营销、爆款重点打造等诉求，支持多样化的营销目标。

4. 更便捷的营销操作

无须选词、买词，轻松抢占买家流量。

（三）定向推广操作流程

定向推广基本操作流程如图6-34所示。

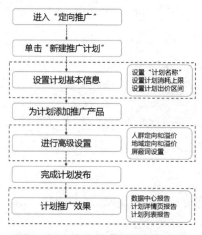

图6-34　定向推广基本操作流程

1. 进入"定向推广"

打开"营销中心",选择左侧导航栏的"定向推广"选项,如图 6-35 所示。

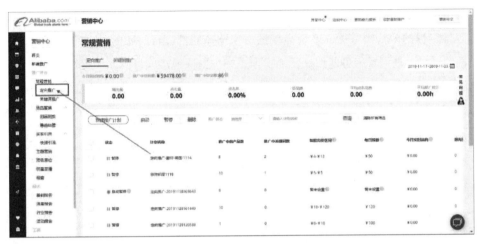

图 6-35 "营销中心"

2. 单击"新建推广计划"

进入"定向推广"首页(也称定向推广列表页)后,单击左侧的"新建推广计划"按钮,正式开启"新建推广计划",如图 6-36 所示。

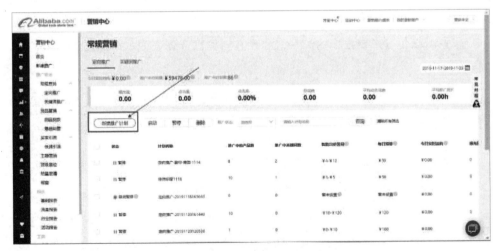

图 6-36 "新建推广计划"

3. 设置计划基本信息

单击"新建推广计划"按钮后，开始计划设置的第一步：选择推广目的、设置"计划名称"。

推广目的即营销目标，系统会根据卖家选择的推广目的匹配合适的流量和有针对性的选品、选词及人群建议，帮助卖家更好、更快地达成目标，如图 6-37 所示。

图 6-37 设置计划基本信息

4. 为计划添加推广产品

卖家可以勾选想要推广的产品，出现在右侧已选列表表示产品已经选入，如图 6-38 所示。

不同的营销目标适合推广不同的产品，系统根据卖家的目标提供了优质转化品、新发产品的列表，分别支持爆品助推、测品测款等营销场景。

规则：

（1）只有状态为参加推广的产品才能出现在推广计划候选。

（2）定向或全店计划创建或添加产品时，如果产品已经在其他定向计划投放，那么该产品将在两个计划同时投放，即一品多计划（一个计划投放 200 个产品）。

（3）一个计划添加产品上限为 500 个，超量时后台会进行提示。

图 6-38　为计划添加推广产品

5. 投放设置

设置日预算及出价区间，如图 6-39 所示。

图 6-39　投放设置

6. 设置营销受众

功能介绍：根据推广目标，选择重点目标地域或人群，进行溢价设置，提升竞价优势，如图 6-40 所示。

图 6-40　溢价设置

（1）人群溢价规则。

① 人群溢价设置不是过滤逻辑，而是溢价逻辑，也就是说，未进行溢价设置的人群，如果其搜索意图与广告主的产品相匹配，在经过竞价后，仍然能正常参与展示。

② 人群出价区间 = 本计划单次点击出价区间 ×（1+ 人群溢价）。例如，本计划单次点击出价区间为 [1,10]，则人群出价区间为 [1,10 ×（1+ 人群溢价）]。

③ 当流量命中多个人群标签时，实际竞价按排序评分高的优先，如图 6-41 所示。

（2）地域溢价规则。

① 用户选择进行投放地域设置后进入地域定向设置。

② 对所有层级用户开放。

③ 选择地域并设置溢价后，该地域的出价区间将会根据设置的溢价比例提升。地域出价区间 = 本计划单次点击出价区间 ×（1+ 地域溢价）。例如，本计划单次点击出价区间为 [1,10]，则地域出价区间为 [1,10 ×（1+ 地域溢价）]，如图 6-42 所示。

图 6-41 人群溢价

图 6-42 地域溢价

7. 屏蔽词设置

在输入框中直接输入针对该计划内的产品想要屏蔽的买家搜索词。

计划下属的产品推广屏蔽关键词的逻辑与之前一致, 只对本计划生效, 如图 6-43 所示。

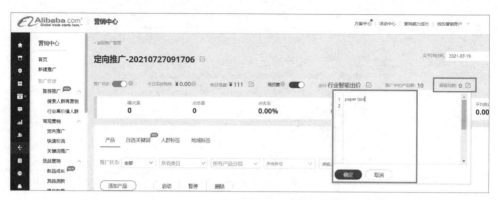

图 6-43 屏蔽词设置

完成以上设置后，单击"提交"按钮，一个完整的定向推广计划就发布完成了。

（四）快速引流

快速引流是以快速补足流量为主要目标的。卖家可以利用此推广方式快速引流，积累线上数据并打好数据基础。此推广方式同样适合在大促或日常期间补足流量。进行快速引流时，每个店铺只能创建一个计划。

快速引流默认将店铺所有产品推广出去，卖家在设置中无须选择产品，但可以在后续推广中选择产品进行屏蔽。

二、货品营销

货品营销主要包括新品成长、测品测款和爆品助推，如图 6-44 所示。这种推广方式跟定向推广方式类似，不同之处在于货品营销是基于产品制订营销推广计划的，操作流程可参考定向推广操作流程。

图 6-44 货品营销

1. 新品成长

基于搜索场景，通过竞价策略扶持，提升卖家 90 天内新发布的产品的曝光能力，帮助卖家更快完成新品测试与筛选，帮助新发产品更快进入成熟阶段从而获取商机。

所有开通直通车服务的商家都可以使用该推广计划，但需要注意，该计划只能将 90 天内新发布的产品加入其中并进行推广。

2. 测品测款

系统快速、均匀地获取流量，利用此场景可测出产品推广情况，通过推广数据来对产品进行综合评估，为最终的定款提供数据依据。（请注意：快速、均匀是相对概念，并不代表该推广方式会绝对平均分配流量到每一个产品。）

适合的客户群体：想在多款产品中快速找到潜力爆品的商家。

建议推广的产品：建议推新品或想进行测款的产品。

3. 爆品助推

爆品助推以提升询盘转化为目标，建议将重点推广的产品，或通过测品测款计划测出的潜力爆款加入此计划。此场景下的推广计划，除系统选词外还可自主添加关键词。

适合的客户群体：希望打造爆品或提升询盘转化的商家。

建议推广的产品：重点想推广的产品或潜力爆品。

三、买家引流

1. 趋势明星

阿里巴巴国际站通过权威的行业数据，向卖家展示站内行业表现、买家偏好和搜索数据，并整理成流量趋势榜单展示给卖家，只有该店铺有符合主题的产品时，才可进行推广。

2. 优选人群引流

根据店铺"数据管家"—"买家画像"中选择的店铺及类目生成的优选买家人群（包

括身份特征、类目偏好、流量来源、采购意向偏好、关键词偏好、网站行为特征、产品偏好、地域偏好等），算法根据以上人群对应的偏好、特征，生成对应人群的搜索、推荐营销推广方案。

系统根据卖家的店铺及类目生成的人群的访问偏好进行选品，默认优先选择询盘转化较高的产品，其次是点击较高的产品，单个计划添加的产品上限为 200 个。

3. 新买家引流

新买家引流是买家引流的一种智能推广方式，主要帮助商家快速锁定阿里巴巴国际站新客户、拓展店铺流量，助力商家快人一步锁定新客户。

新买家指的是近 6 个月内首次注册阿里巴巴国际站的客户，这部分客户大多没有固定的采购渠道，非常适合锁客。

适合的客户群体：有挖掘新客户需求的商家。

建议推广的产品：店铺优质转化品、爆品，以便快速吸引新买家。

任务五　数据报告

完成发布后的定向推广计划，在账户余额和计划预算充足的情况下开始推广。如果想要查询和了解计划的推广效果，在以下 3 个地方可以查看相应的数据。

1. 数据中心

可以在账户报告中查看定向推广计划的整体效果，以及分计划的推广效果。可以在定向推广溢价报告中专门查看有溢价的人群标签和地域标签的整体推广效果和分计划推广效果。

2. 计划列表页

计划列表页提供了每个计划当日实时花费和近 7 日的线上效果数据。

3. 计划详情页

单击计划名称，可以进入计划详情页，在这里可以查看该计划的整体推广效果数据、单个产品的推广效果数据、人群溢价的推广效果数据、地域溢价的推广效果数据，如图 6-45 所示。

图 6-45　计划详情页

🛠 项目小结

通过本项目的学习，学生能够全面了解阿里巴巴国际站直通车的功能，熟悉直通车相关规则和推广流程，能够设计直通车推广方案，完成直通车基本操作，为产品引流，并利用数据报告优化产品推广方案。

项目
七

产品推广与活动营销

　　阿里巴巴国际站是专为中小企业打造的跨境电子商务平台，怎么经营是很多有意向入驻及已入驻商家共同关心的问题。为帮助阿里巴巴国际站商家更好地实现自营销，不断吸引新客户并推动二次回访，阿里巴巴国际站提供了很多产品推广与活动营销方式，包括顶级展位、橱窗、访客营销、粉丝通营销、客户通营销和平台季节性活动等。

🛒 学习目标

知识目标

1. 了解顶级展位的概念及价值；

2. 熟悉顶级展位的衍生功能；

3. 了解橱窗的概念和优势；

4. 了解店铺自主营销的方式；

5. 了解阿里巴巴国际站平台的活动规则及会场结构。

能力目标

1. 熟悉顶级展位的竞价流程；

2. 掌握橱窗的开通及设置操作流程；

3. 掌握访客营销、粉丝通营销、客户通营销和优惠券设置的操作步骤。

🔍 项目概述

如果没有投入足够多的精力或资源将产品和品牌展示在买家面前，无论多么优秀的产品也难以被发现。尤其是新产品的推广，广告是必须投入的项目之一。阿里巴巴国际站商家如何进行产品推广与活动营销呢？本项目将带领学生一起探索阿里巴巴国际站商家进行产品推广和活动营销的方法。

🔧 任务分解

本项目分4个任务讲解阿里巴巴国际站产品推广与活动营销的方法，包括顶级展位、橱窗设置、店铺自主营销和国际站市场活动。希望通过学习和实训，学生能够根据营销目标进行店铺产品推广、自主营销，以及报名平台活动等。

任务一　顶级展位

一、关于顶级展位

（一）顶级展位的概念

顶级展位（简称顶展）位于阿里巴巴搜索结果首页第一位，将产品和企业信息通过视频、文字和图片等富媒体形式全方位地展现在买家面前，是提升企业品牌推广效能、展现企业品牌实力的品牌推广模式。

顶级展位的核心价值是品牌塑造，而不是流量效果，通过图片、视频、广告语、关联产品的形式和固定搜索结果第一位的强制展示，凸显企业实力和产品优势，进而实现品牌塑造的价值。随着顶展词包、顶展回眸功能的出现，顶级展位通过其衍生的功能大大增加和补充了其引流效果，但仅仅依靠顶级展位很难取得理想的流量效果，需要结合直通车、橱窗等广告产品，以及场景流量和自然流量，形成流量矩阵，强化引流效果。

（二）顶级展位的价值

1. 黄金位置，精准投放

阿里巴巴国际站搜索页第一位固定位置，精准商业流量，直击买家需求。

2. 资源稀缺，精准投放

每个关键词只售第一名皇冠标识，皇冠标识尊贵、稀缺。

3. 赋能商家，品牌体现

商家可自定义视频、图片、广告语等创意，360度差异化展现企业和产品优势，塑造品牌影响力。

（三）顶级展位的样式

顶级展位的样式在 PC 端和 App 端分别如图 7-1、图 7-2 所示。

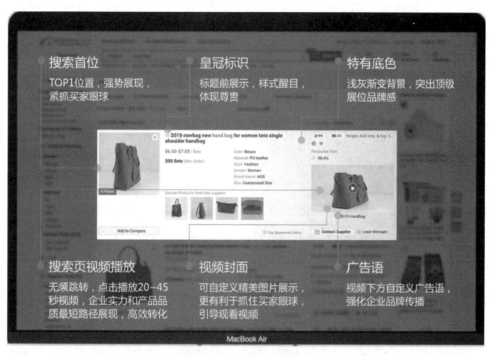

图 7-1 PC 端顶展样式

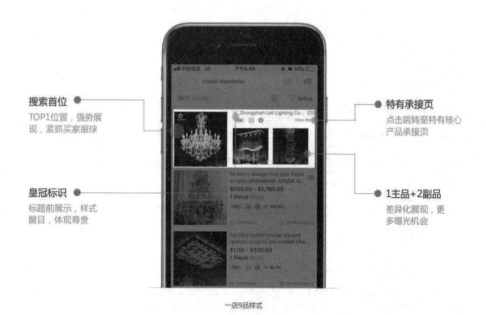

图 7-2 App 端顶展样式

二、顶级展位的衍生功能

1. 顶级展位智能词包——扩流功能

顶级展位智能词包在顶级展位品牌价值的基础上进行流量的扩充，达到顶级展位品牌和效果的统一。其扩流分为两级，分别为智能词包扩流和站外引流广告渠道投放扩流。

一级扩流——智能词包扩流：利用国际站闲置的长尾关键词流量（未被购买）做扩流资源池。这些长尾关键词的流量小但转化率高，且均为行业趋势词。

二级扩流——站外引流广告渠道投放扩流：通过在谷歌、Facebook、多语言站点等渠道投放广告，扩展流量获取渠道和群体。

扩流逻辑及公式如下。

通过标题和详细描述文本，选择与客户购买词所绑定的产品有相关性的词作为免费扩流词，如果关键 A 为顶级展位，ABC、BAC、BCA……可免费扩充展示为顶级展位的广告，直到流量（曝光）获取成本降低到流量获取成本的公式范围内：

$$流量获取成本 = 顶展词包总投资金额/单位时间获得总曝光$$

当系统检查到流量获取成本高于均值时，系统将自动触发扩流功能，保证流量获取的稳定性。

2. 顶级展位"回眸"再营销功能

顶级展位"回眸"再营销，是在顶级展位原有品牌广告价值的基础上进行的品牌展示再升级。通过对浏览过（曝光）顶展广告的海外买家进行身份识别、流量锁定，7 天内在该类买家对阿里巴巴网站进行重复访问时，通过"猜你喜欢"和首焦 Banner 第一帧的广告位，利用千人千面的方式向买家再次推荐顶展的广告，从而加强高意向买家对顶展广告主的品牌认知度，加深品牌记忆点，提升点击转化率。

该功能需要在顶级展位的基础上单独付费购买。顶级展位"回眸"再营销在 App 端和 PC 端的效果如图 7-3、图 7-4 所示。

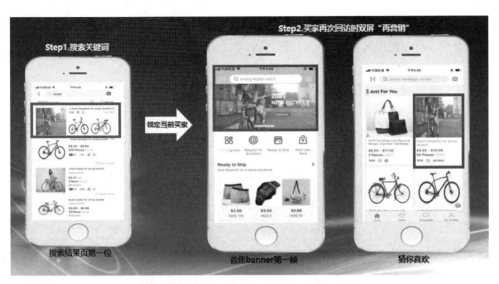

图 7-3　App 端顶级展位"回眸"再营销

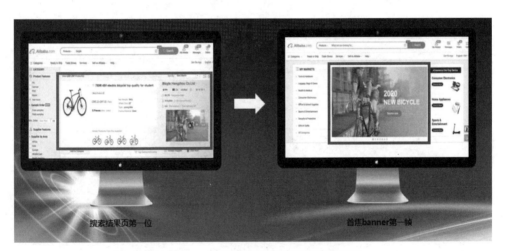

图 7-4　PC 端顶级展位"回眸"再营销

三、顶级展位的购买

顶级展位的购买主要涉及两种情况，第一种是顶级展位的包年购买及续费，第二种是顶级展位的竞价。

（一）顶级展位的包年购买

顶级展位单词最长的购买期限是一年，自上线之日起计算，到期前两个月可以续费，购买过此顶级展位的商家在同等条件下具有优先续约权。包年的顶级展位需要商家咨询阿里巴巴客户经理，通过服务订单（合同）的形式购买。

（二）顶级展位竞价及流程

1. 顶级展位竞价

顶级展位竞价是一种顶级展位的线上购买形式，客户竞价期间对关键词可不断出价，在竞价结束后，价高者得。竞价的顶级展位使用期限为 3 个月。竞价分为 PC 顶级展位和移动顶级展位两个端口。

竞价时间：每月横跨 3 天进行竞价，总共 4 小时（从竞价第 1 天早上 10:00 到第 3 天早上 10:00）。

2. 顶级展位竞价流程

顶级展位竞价页面如图 7-5 所示。

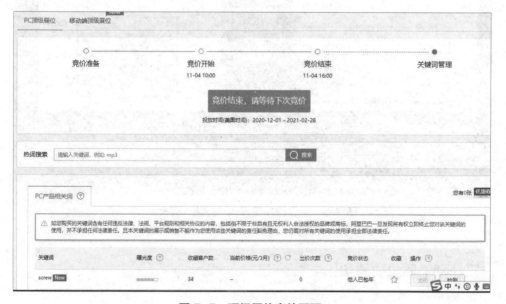

图 7-5　顶级展位竞价页面

第一步：登录顶级展位后台，签订顶级展位预订协议——《外贸直通车软件服务关键词固定排名功能使用规则》。客户首次参与竞价需要先签订顶级展位预订协议，且只能由主账户线上签订，如图 7-5 所示。

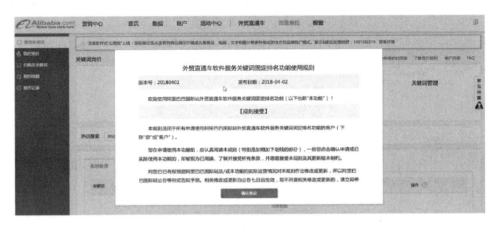

图 7-6　签订顶级展位预订协议

第二步：竞价前准备。

收藏关键词：在竞价开始前，通过系统推荐提前收藏好需要参与竞价的关键词，如果系统中没有自己想要的关键词，也可以通过进度条下方的"热词搜索"寻找。

"优"品检测：单击"检测"按钮，查看当前网站上是否有能和该关键词绑定为"优"的产品，如果没有，则需要提前发布，如图 7-7 所示。

图 7-7　优品检测页面

第三步：竞价开始，进行出价。

当竞价售卖开始的时候，"出价"按钮会变成黄色，此时单击"出价"按钮会弹出出价框，出价提交之后即表示参与了该关键词的竞价，系统会自动冻结直通车账户金额，直到其被其他竞价人的出价领先时，其出价金额才会被释放。出价提交界面如图 7-8 所示。

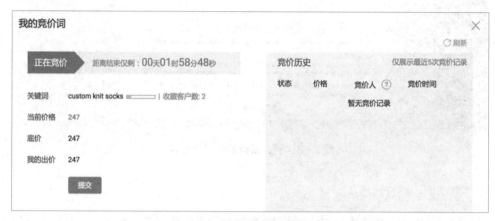

图 7-8　出价提交界面

当该关键词在本次竞价中第一次被竞时，出价为底价，无须加价。

当该关键词在本次竞价中第二次或多次被竞时，加价幅度可自定义，自定义范围为 20 ～ 1000 元，金额为不含小数点的整数。出价框右侧可看到该词最近 5 次竞价记录，如图 7-9 所示。

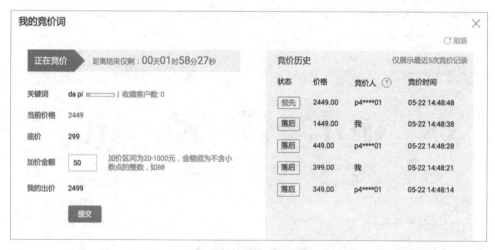

图 7-9　竞价词管理

管理竞价：在"我的竞价"中管理本次已经参与过竞价的关键词，监控竞价状态及重新出价，如图 7-10 所示。

竞价状态："领先"表示当前出价已经为第一，"落后"则代表当前有人出价高于竞价，可以重新单击"出价"按钮进行新的出价。

图 7-10 竞价管理

延时竞价：当本次竞价只剩最后一分钟时，如有客户仍然在继续出价，那么对应词的结束时间将会往后延，最多延长 30 分钟。具体每个关键词的延时情况，可参考图 7-11 中"竞价状态"的倒计时。

图 7-11 延时竞价

延时竞价案例——假设竞价在 10:00 结束。

如果在 9 时 59 分到 9 时 59 分 59 秒期间无人竞价，那么该关键词的竞价就会自动结束。如果这期间有人竞价，那么该关键词的竞价就会自动延长 3 分钟。

如果在 10 时 1 分到 10 时 2 分 59 秒期间无人竞价，那么该关键词的竞价就会自动结束。如果在 10 时 2 分 3 秒 A 客户参与了竞价，则该关键词的竞价就会延长至 10 点 5 分 3 秒，对应该关键词的倒计时会在 A 客户拍下的当下开始新的倒计时 3 分钟。

第四步：竞价结束。

竞价结束后，可以在"我的竞价"的竞价状态中看到是否竞价成功。当关键词的状态是"我已买下"时，代表已经成功竞得该关键词，"他人已买下"则代表未竞得该关键词。竞价结束 2 小时内，可以在"已购买关键词"中查看到买到的关键词，并进行创意绑定。

任务二　橱窗设置

一、关于橱窗

（一）橱窗的概念

橱窗是一种营销推广工具，可在全球旺铺中做专题展示，可根据商家推广需求自行选择所需推广的产品，如推广效果好的产品、新品或主打产品等。

橱窗的价值定位为打造成具有确定性和心智的商家自营销工具，提升商家的自运营能力，选出买家最需要的产品，助力商家在自然流量中取得更好的营销效果。

阿里巴巴国际站出口通服务包含 10 个橱窗，若合作金品诚企服务包含有 40 个橱窗，也可以单独购买橱窗。

（二）橱窗的优势

1. 主推产品凸显

主推产品有专门的展示位，自定义设计，引导买家关注重点。

2. 主推节奏灵活

橱窗产品可以随时更换，橱窗可以按组购买，因需而定。

3. 优化搜索排名

同等条件下，相对于普通产品，橱窗产品可以获得更多的流量，特别是橱窗添加实力优品以后，流量加成效果更加显著。橱窗效果如图 7-12 所示。

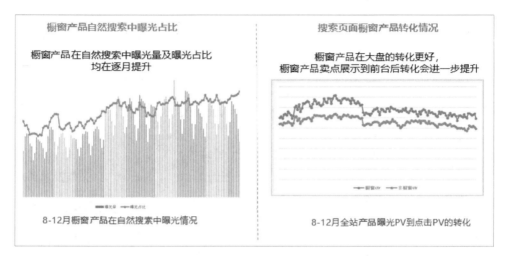

图 7-12　橱窗效果

（三）橱窗升级

独享产品卖点透传：升级后橱窗产品的卖点在搜索端打标展示，提升产品点击率和转化率，默认根据买家偏好优先展示，但商家也可自设展示顺序。系统根据橱窗投放产品的标题、关键词和产品属性等提取卖点。

不定期投放橱窗产品专享搜索结果首页主题搜，如 Browse new seasonal arrivals，主题搜橱窗产品排序优先，通过主题搜搭建自然搜索中的营销场景，基于买家搜索相关性推荐对应的营销主题搜。

二、橱窗的开通及设置

登录"My Alibaba"—"营销中心"—"橱窗"，进入"橱窗"管理后台，可以在这个界面进行"橱窗产品管理"、"橱窗订单管理"和"操作日志"查看。

可开通橱窗组数 = 生成订单时星等级对应可投放橱窗组数上限 – 已投放橱窗组数

系统不可点选时间，受规则影响暂无法开通。橱窗开通时间设置及管理如图 7-13 所示。

图 7-13 橱窗开通时间设置及管理

橱窗进入服务期后，即可选择产品进行橱窗营销，建议优先选择需要营销的实力优品，效果会更优。注意，只有产品信息质量分在 4.0 分以上的产品才能投放到橱窗。橱窗产品效果概览如图 7-14 所示。

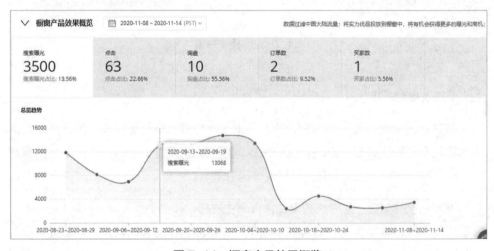

图 7-14 橱窗产品效果概览

系统将对橱窗产品的卖点进行自动聚合，并展示到前台，帮助商家更好地营销产品，提升转化。如果橱窗产品没有卖点展示，建议确认产品描述和属性填写是否完整，同时注意在产品信息内增加卖点相关的描述。系统可以推荐卖点，商家也可以自选卖点。

系统推荐卖点是指系统根据橱窗投放产品的标题、关键词和产品属性等提取卖点，以买家偏好为依据，优先把买家最在意的卖点投放到前台搜索页面。

商家自选卖点是指商家可以在橱窗管理后台对卖点展示进行自主管理和选择，

如图 7-15 所示。橱窗管理后台的卖点选择更新后，会在 48 小时内同步到前台。

	序号	产品信息	产品成长分	曝光量	点击量	询盘数	订单数	查看效果趋势	橱窗卖点 ?	操作
☐	1	High Quality Gr5 Tita nium M12 M14 Car ... 实力优品	94	145	1	0	0	查看效果趋势	暂无数据	优化 排序 更多∨
☐	2	Titanium wheel hub b olts M12x1.25 M12x...	70	39	1	0	0	查看效果趋势	Titanium 编辑	优化 排序 更多∨
☐	3	Titanium metric bolts hexagon socket hea... 实力优品	83	415	4	1	0	查看效果趋势	Flat Head、 Plain、 Hex... 编辑	优化 排序 更多∨
☐	4	Custom Handmade Ti mascus Mokuti Tita... 实力优品	86	249	0	1	0	查看效果趋势	暂无数据	优化 排序 更多∨

图 7-15　橱窗卖点设置

在橱窗管理后台，此次升级后，商家可在橱窗管理首页看到橱窗产品的整体效果、橱窗单品效果、优化建议，以及更高效地进行橱窗订单开通和绑定优化。

展示服务中已设置橱窗产品效果，客户可以通过趋势图了解橱窗产品效果的变化，包括橱窗产品在曝光、点击、询盘、订单、买家上的贡献量及贡献度，同时可以通过选择对应时间段（日/周/月）了解对应时间的橱窗产品效果，如图 7-16 所示。

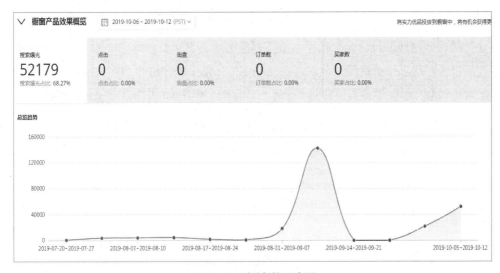

图 7-16　橱窗效果查看

对于所有投放橱窗的产品，都可以在"橱窗产品效果"内查看单个产品的橱窗效果并进行产品优化。

可以在该页面内对单个橱窗产品进行效果查看、优化、排序、替换和删除操作。其中橱窗产品在排序时将按其旺铺橱窗展示位的顺序进行展示。

升级后，只有产品信息质量分在 4.0 分以上的产品才能投放到橱窗。相同情况下，实力优品的橱窗效果会优于信息质量分在 4.0 以上的产品。

任务三　店铺自主营销

自主营销又称主动营销，是除付费流量外，基于买家网站和店铺浏览路径，以及自媒体互动的方式，与客户产生链接，主动与买家互动的营销方式，主要包括访客营销、粉丝通营销、客户通营销和优惠券。

一、访客营销

访客列表中展示了所有访问了产品页面、公司页面的客户，或者在其他页面进行过反馈或 TM 咨询的客户。比如，客户在网站搜索页面发送了反馈，或者客户在收到的订阅邮件中看到了店铺产品并发送了反馈，都算作访客。

访客营销即通过阿里巴巴平台给感兴趣的访客发送营销邮件，通过有竞争力的产品报价和优惠打折活动让他们再次光临店铺。每个账户进行访客营销时每天有 20 次营销机会，单次最多集中营销 5 个客户，且单个客户 30 天内只有一次营销机会。

在阿里巴巴国际站后台"数据管家"的"访客详情"页面可以看到访客访问的具体产品、停留时长、全站偏好关键词、旺铺行为和网站行为，商家可以根据客户行为发起"立即营销"。

除此之外，可对当前访客及当前访客的相似访客进行营销。相似访客是指浏览行为、产品搜索词、偏好行业等跟当前访客大概一致的访客，每个访客的相似访客最多显示 10 个。访客营销页面如图 7-17 所示。

图 7-17 访客营销页面

常用访客营销的路径包括：

（1）PC 端，访客详情—访客营销；

（2）PC 端，客户管理—客户列表，可站内营销；

（3）PC 端，客户管理—营销活动，智能圈客、站内营销；

访客营销样式如图 7-18 所示。

在"营销管理"页面可以查看"访客营销效果数据"，如图 7-19 所示。

"智能圈客、站内营销"页面如图 7-20 所示。

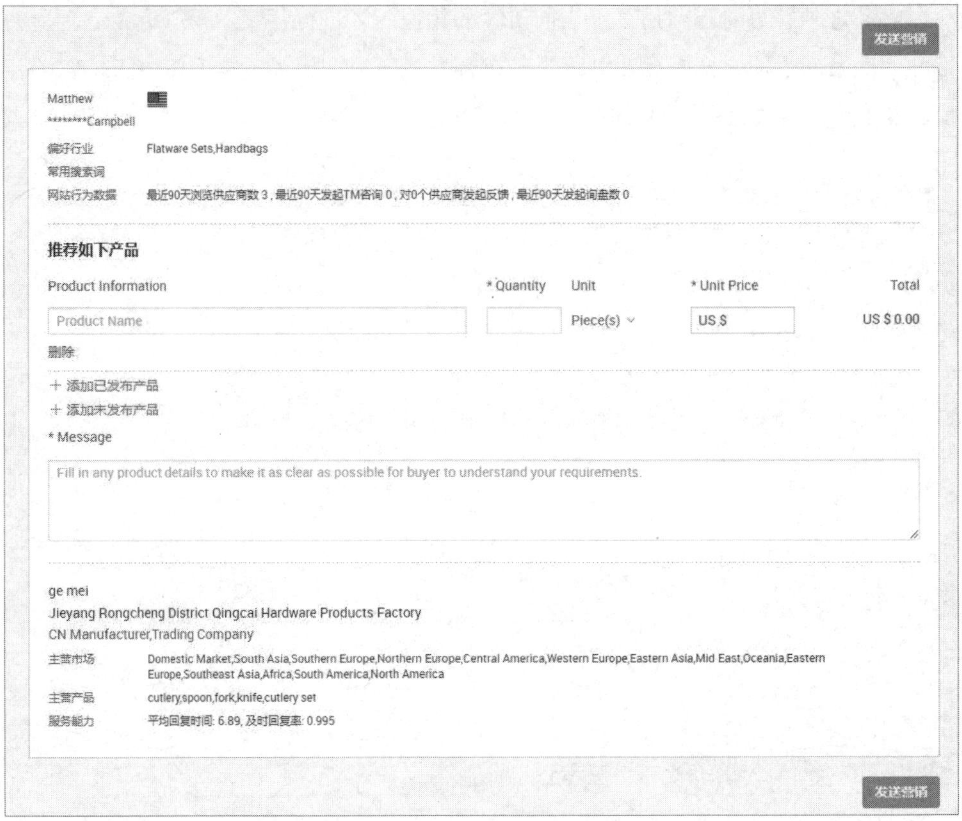

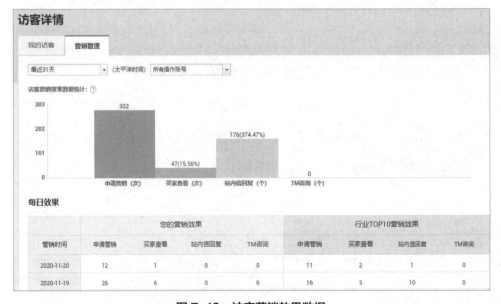

图 7-18 访客营销样式

图 7-19 访客营销效果数据

发送营销

Wancha******gmu

匹配行业	Car DVD Player;Others Car Light Accessories;Motorcycle Lighting System;CCTV Camera;Motorcycle Fuel System;Motorcycle Ignition System;Motorcycle Exhaust System;Oil Sump;Car Jacks;Treadmills
常用搜索词	
网站行为数据	最近90天浏览供应商数 0，最近90天发起TM咨询 0，对1个供应商发起反馈，最近90天发起询盘数 1

Edwa****ong　　　　　　　　　　　　　　　　　　　　　　　　　　　　　　　　删除

匹配行业	Other Motorcycle Body Systems;Car DVD Player;Motorcycle Fuel System;Motorcycle Wheels;Other Motorcycle Accessories;Motorcycle Exhaust System;Motorcycle Brakes;Motorcycle Crank Mechanism;Deep Groove Ball Bearings;Motorcycle Transmissions
常用搜索词	
网站行为数据	最近90天浏览供应商数 0，最近90天发起TM咨询 0，对0个供应商发起反馈，最近90天发起询盘数 0

∨ 另外 18 个买家

编辑营销内容　　　　　　　　　　　　　　　　　　　　　　　　　　　　营销卡片样式示意

*标题

选择标题，或输入标题建议不超过60个字符

优惠券⑦

有可用券，发送时会自动加入到营销卡片中。查看优惠券

推荐产品

图 7-20　"智能圈客、站内营销"页面

二、粉丝通营销

粉丝通是商家自主展示产品、商家实力等业务动态的自营销和内容营销阵地，通过 Feeds 频道、无线旺铺的 Feeds 专区等内容渠道精准触达客户，获得客户关注、新人和二次回访，促进商机高效转化。粉丝通内容营销逻辑如图 7-21 所示。粉丝通展示位置如图 7-22 所示。

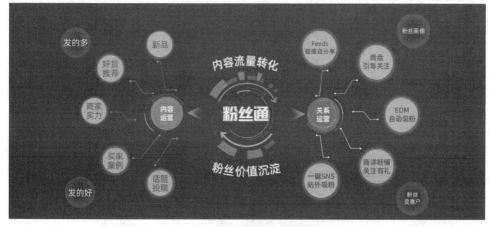

图 7-21　粉丝通内容营销逻辑

图 7-22　粉丝通展示位置

（一）粉丝通优质内容发布

1. PC 端发布路径

阿里巴巴国际站后台"营销中心"的"粉丝通"板块目前支持5类案例：日常上新、趋势新品、好货、买家案例、商家能力。商家可以根据自己的需求选择视频／图文格式，然后根据系统的模板进行填写并发布。粉丝通页面如图 7-23 所示。粉丝通内容发布页面如图 7-24 所示。

（a）

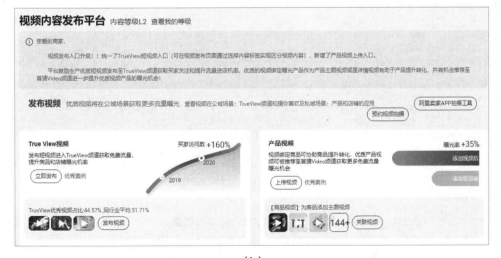

（b）

图 7-23 粉丝通页面

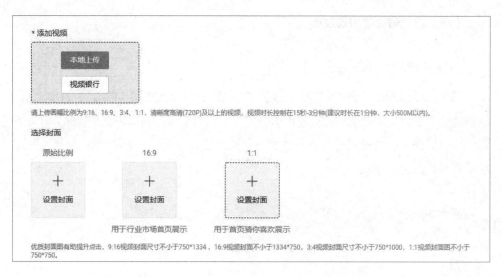

（a）

（b）

图7-24 粉丝通内容发布页面

（二）App 端粉丝通内容发布

通过阿里巴巴手机 App，进入"拍摄工具"页面，可以选择自由拍摄和模板拍摄两种模式，拍摄完成后还可以添加背景音乐和相关字幕，所有编辑完成后选择发布 Feeds，一条粉丝通就发布成功了。App 端粉丝通内容发布流程如图 7-25 所示。

图 7-25　App 端粉丝通内容发布流程

（三）吸粉工具

1. 内容链接分享

内容链接转发买家，引导客户关注，在粉丝通的发布历史中找到"推广"就可以获取二维码和链接，如图 7–26 所示。

图 7–26　二维码及内容链接

使用场景：

（1）在询盘、WeChat、WhatsApp 里通过内容链接分享，获取粉丝。

（2）业务员根据"买家询盘"问得最多的问题向运营人员提出内容需求；运营人员将内容链接发给业务人员，日常问答，内容吸粉。

（3）访客营销相关联分为 3 个步骤，第一步是进入"访客详情"页，查看引流的关键词；第二步是根据这个关键词发布一则关于这个关键词的实力优品的粉丝通内容；第三步是回到"访客详情"页，单击"营销"按钮，把产品名称和价格填进去，然后在信息栏里填写内容链接，如图 7–27 所示。

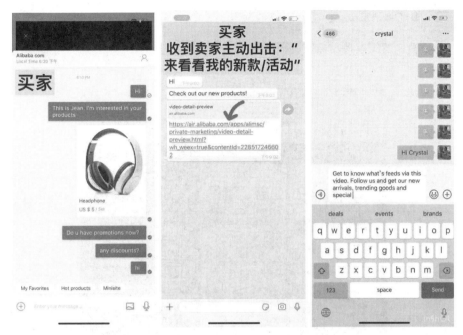

图 7-27　访客营销相关联步骤

2. 询盘 + 关注

进入"询盘"界面，选择对应好友，单击"关注"按钮，如图 7-28 所示。

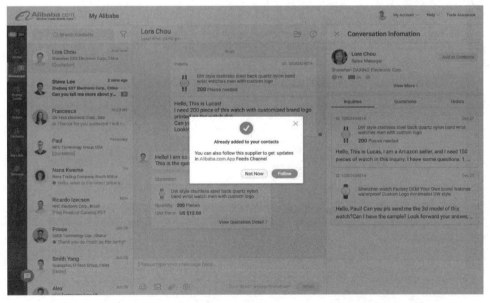

图 7-28　询盘 + 关注

3. 邮件营销模板

邮件营销营销模板及操作流程如图 7-29 所示。

（a）

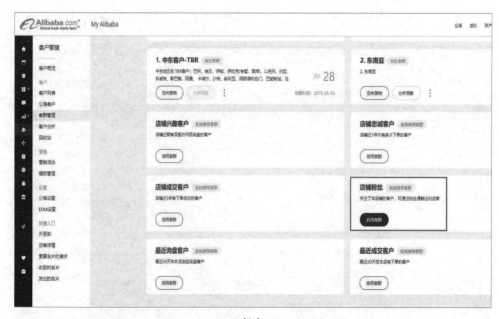

（b）

图 7-29　营销模板及操作流程

（c）

图 7-29　营销模板及操作流程（续）

"粉丝通效果"如图 7-30 所示。

图 7-30　"粉丝通效果"

三、客户通营销

客户通是阿里巴巴通过大数据沉淀，对客户进行精准分层营销和管理的客户管理系统。客户通的诞生背景、核心场景和使用场景分别如图 7-31、图 7-32、图 7-33 所示。

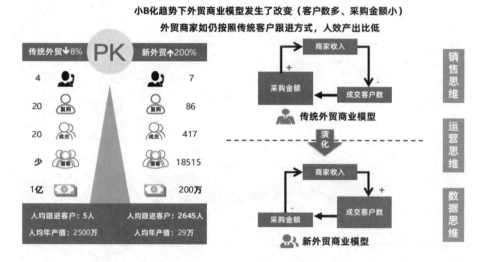

图 7-31 客户通的诞生背景

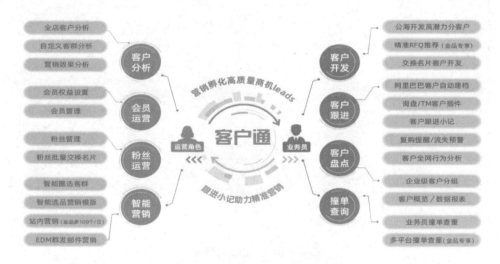

图 7-32 客户通的核心场景

图 7-33 客户通的使用场景

（一）客户通——公海客户

潜力分是由阿里巴巴平台大数据模型综合买家的基本信息、网站行为、信用等维度评估计算得出的，评分范围为 0 ～ 100 分，分数越高，开发潜力越大。半年内访问过阿里巴巴网站的阿里巴巴的客户才会显示潜力分。客户通"公海"页面如图 7-34 所示。

图 7-34 客户通"公海"页面

（二）客户识别——高潜复购 / 流失预警

客户通 "客户列表" 如图 7-35 所示。

图 7-35 客户通"客户列表"

高潜复购：历史与网店成交过信保订单的客户，近 7 天存在搜索等找品行为，预测此客户近期存在采购意向。

流失预警：历史与网店成交过信保订单的客户，近 7 天与其他商家有过询盘等接触行为，预测此客户可能存在流失风险。

（三）客户通添加

方式一：进入"询盘列表"页面，单击"询盘"按钮，添加对应的客户，添加成功后，客户信息将自动同步到客户通 "客户列表"中。卖家可对该客户进行分组提交跟进小记等客户管理操作。如果没有"添加为我的客户"，客户信息会自动同步到公海里进行客户备份，以免发生误删客户无法找回情况。

方式二：进入"阿里卖家"，在旺旺聊天界面找到"添加客户通"插件，然后直接加为"我的客户"即可。

方式三：进入"阿里卖家"，找到对应的客户名片，然后单击"添加客户"按钮。

方式四：客户通待添加，为了让商家能够收拢自己的"盘子"，进行集中的管理和营销，避免客户遗漏丢失商机，对于收到名片的客户及进行过 TM 沟通的客户，若还未在客户通内建档，就会自动进入客户通的"待添加客户"里，商家可以快速将其添加为客户。

（四）客户通价值和运用

1. 客户分析——客群分析

（1）通过"客户跟踪"，可以查看任何一组客户某段时间内在本店铺的活跃度和关注点。比如，可以通过该功能持续关注"高价值客户"或"忠诚老客"最近是否在回访店铺，关注本店有什么产品，关注本店有什么关键词。

（2）通过"客户全网偏好"，可以了解任何一组客户在全网关注的搜索词和产品品类。比如，在拓展店铺产品品类时，可以基于该功能来做选择。

（3）通过"全网浏览产品"和"全网询盘产品"，可以了解任何一组客户关注的竞品。比如，可以通过该功能持续关注"最近询盘客户"或"最近曝光客户"或"忠诚老客"在看哪些同类产品，快速、准确地了解本店的精准竞品，更有效地制定接下来的定价、选品和客户接待策略。

（4）通过"客户行为分布"，可以了解任一组客户的国家分布、商业类型、价格/MOQ 偏好。比如，可以对比"认知客户"、"兴趣客户"和"购买客户"的特征，了解店铺对不同地区或不同类型的客户的承接转化。

2. 客户分层管理——标准化

分层原则是根据成交阶段进行分层，层层推进，有效盘活。

统一的标准化客户分层，可以帮助商家数据化衡量客户管理健康度；明确商家的客户资产情况；了解当前客户管理存在的优势和不足，避免瞎忙；方便后续工作目标、策略的制定和执行，并取得优秀的业绩。

3. 分层范例——客户跟进

在阿里巴巴国际站后台找到"客户管理"板块，在"客户"列表里面勾选客户名字前的复选框即可，如图 7-36 所示。

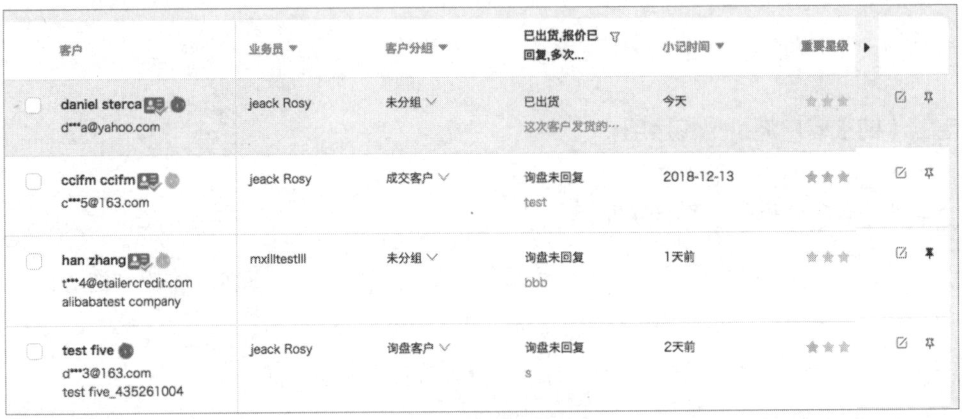

客户	业务员 ▼	客户分组 ▼	已出货,报价已回复,多次… ▽	小记时间 ▼	重要星级 ▶	
daniel sterca 🔲 ⓘ d***a@yahoo.com	jeack Rosy	未分组 ∨	已出货 这次客户发货的…	今天	★ ★ ★	☑ 📌
ccifm ccifm 🔲 ⓘ c***5@163.com	jeack Rosy	成交客户 ∨	询盘未回复 test	2018-12-13	★ ★ ★	☑ 📌
han zhang 🔲 ⓘ t***4@etailercredit.com alibabatest company	mxllltestlll	未分组 ∨	询盘未回复 bbb	1天前	★ ★ ★	☑ 📌
test five ⓘ d***3@163.com test five_435261004	jeack Rosy	询盘客户 ∨	询盘未回复 s	2天前	★ ★ ★	☑ 📌

图 7-36　客户跟进管理

跟进小记的方式是在阿里巴巴国际站后台的"客户管理"板块的"客户"列表中找到对应客户点击进入，然后标记需要的"跟进小记"即可，如图 7-37、图 7-38 所示。

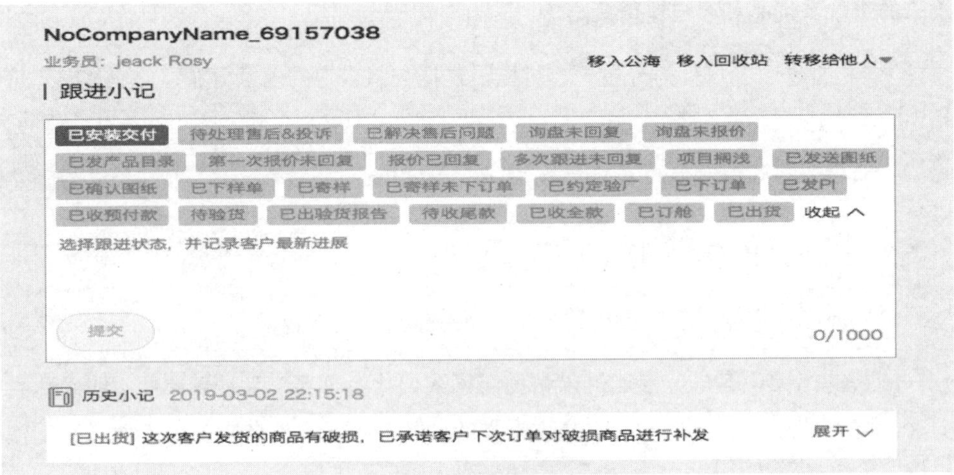

图 7-37　客户跟进小记

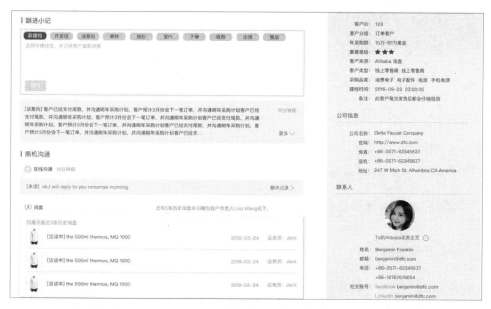

图 7-38　客户跟进及信息查看

3．客户通邮件营销

进行邮件营销营销时，每个阿里云账户每天最多可以发送 2000 封邮件，其中前 200 封邮件免费。进行站内营销时，每天每个子账户可以营销 20 个客户。客户通邮件营销操作页面如图 7-39 所示。

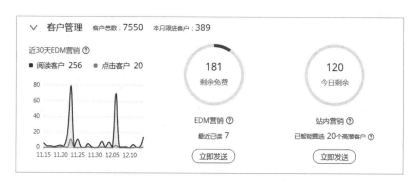

图 7-39　客户通邮件营销操作页面

（1）邮件营销的步骤：

① 配置邮件营销的方式，有域名—阿里云实名认证—邮件推送配置—复制发信地址和密码并粘贴—设置回信地址；

② 筛选出需要营销的客户，建立一个动态／固定客户群；

③ 针对需要营销的客户群，设置内容或使用官方模板；

④ 选择营销和营销模板，设置生效邮件自动发出。

（2）站内营销的步骤：

① 首先选择批量操作，选中站内营销功能；

② 选择需要营销的客户，直接在"客户列表"中勾选；

③ 针对客户群选择对应产品，输入营销话术。

4．智能圈客

系统自动圈选近期访问过的网站且访问偏好相近的客户。操作方式为在阿里巴巴国际站的"客户管理"板块中选择"营销活动"选项，针对客群选择对应产品，输入营销话术。

5．粉丝批量交换名片

在阿里巴巴国际站的"客户管理"板块中找到"粉丝管理"选项，进行批量交换名片即可。

四、优惠券

优惠券是商家常态化自营销的工具。商家通过优惠券的设置、发布和推广，打造更丰富的营销场景吸引客户，根据营销数据沉淀了解客户信息，更精准、更有效地推广营销活动。

设置路径是"My Alibaba"—"营销中心"—"商家自营销中心"—"优惠券"。

（一）优惠券规则

（1）优惠券抵扣的是订单金额中的产品货款部分，不包括物流费用。

（2）优惠券有特定使用条件，1张券仅限于单笔订单消费抵用，不可拆分，过期作废。

（3）使用门槛：订单金额必须大于优惠面额，且当订单货款金额（不含运费）满足优惠券抵标准时，客户才能使用优惠券进行抵扣。

（4）客户无法在样品订单中使用优惠券。

（5）如果订单中没有包含优惠券适用范围的产品，则买家无法使用优惠券。

（二）优惠券核销规则

（1）每个订单只适用于 1 张优惠券，优惠券有特定使用条件，仅限于单笔订单消费抵用，不可拆分，过期作废。

（2）客户领取优惠券后，针对对应产品下单时，系统会自动提供符合使用条件的优惠券供客户选择；"直接限时折扣"和"优惠券"能在同一订单上叠加抵扣。因此最终订单金额为

$$最终订单金额 = 订单金额（不含运费）× 直接限时折扣\% -$$
$$优惠券券面金额（满减券）$$
$$或最终订单金额 = 订单金额（不含运费）×$$
$$直接限时折扣（\%）× 满折券折扣（\%）$$

（3）当订单货款金额（不含运费）满足优惠券抵扣标准时，客户才能使用优惠券进行抵扣。

（4）下单后，订单价格会锁定为优惠券减扣后价格，客户需要在优惠券有效期内进行支付使用。

（5）如果订单被取消，但优惠券还在有效期内，则被冻结的优惠券会被释放，供客户继续使用。如果优惠券已过期，则优惠券失效。

（6）当客户使用优惠券时，优惠券会优先抵扣尾款，如尾款金额不足以抵扣优惠券金额，则会优先抵扣首付款。

（7）含优惠券订单支付成功后视为已使用，发生退款行为时，退款金额不包括优惠券金额。

（三）优惠券设置规则

（1）券类型：目前有满减券和满折券两种优惠券类型。

（2）券标题设置：60 个字符以内。

（3）券有效期：设置日期有效范围不得超过 62 天。

（4）券数量：商家同时可发 10 种优惠券，1 种优惠券最多可以发售 10000 张。

（5）产品数量：可以设置为全店产品和特定产品，特定产品上限为 50 款。

（6）当优惠券设置的使用范围为"全店铺"产品时，直接下单品和非直接下单品均适用。

（7）当优惠券设置的使用范围为"特定产品"时，只适用于直接下单品。

（8）优惠面额：最低设置 5 美元，可设置 5 的倍数。

（9）优惠券变更：发放中优惠券可以增加数量，如要减少则需要停止优惠券后再设置。

（10）当设置多张优惠券时，产品详情页会按照一定顺序展示多张优惠券。

（11）平台券优先于店铺券，优先展示平台券，再展示店铺券；券类型一致，根据优惠额度，优惠力度越大排序越靠前。

（四）优惠券设置

进入路径："My Alibaba"—"营销中心"—"商家自营销中心"—"优惠券"。"优惠券创建"页面如图 7-40 所示。

图 7-40 "优惠券创建"

任务四 国际站市场活动

"三月新贸节"和"九月采购节"是阿里巴巴国际站全年最大的两个市场活动，是阿里巴巴国际站面向全球中小企业举办的交易和服务的盛会，也是一场属于全球跨境电子商务从业者们的狂欢。届时阿里巴巴国际站会加大广告引流，推出新的优惠促销活动或玩法，通过为期一个月的时间实现流量和成交的集中爆破。这被称为阿里巴巴国际站的"双十一"。

每年三月新贸节和九月采购节会提前两个月开始发布规则，并允许商家开始报名，而且每年的规则和玩法都在不断升级。这里以 2020 年三月新贸节和九月采购节为例进行介绍。

一、三月新贸节

三月新贸节是阿里巴巴国际站在客户端从 Sourcing（采购）到 Trading（贸易）心智转变的切入点，通过一系列的贸易营销场景的渲染和烘托，使客户集中体验平台提供的优商优品和确定性的服务，从而实现客户使用体验的提升，以及对商家认知和信任的提升。

展会是传统 B2B 贸易的核心形态，从一年两度的广交会，和即将到来的 CES（国际消费电子展）可以看到客户对展会的期待，通常奔着"找新品""挖新商""看趋势"而去。

4 月为黄金采购旺季，是 B 类用户开拓业务、为一整年的生意做计划、寻找新商机的关键阶段。同时，一年一度的广交会在 4 月召开，全球客户的采购意向已基本梳理成计划，3 月正是顺势承接的好时机。

采购节报名节奏及会场设置如图 7-41 所示。

新贸节报名入口如图 7-42 所示。

三月新贸节主会场如图 7-43 所示。

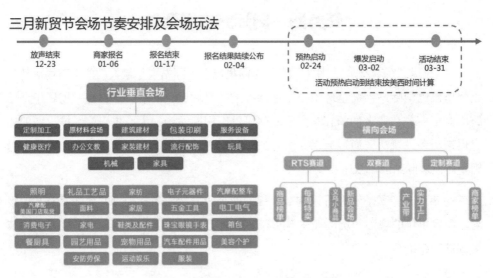

图 7-41 采购节报名节奏及会场设置

图 7-42 新贸节报名入口

图 7-43 三月新贸节主会场

三月新贸节会场结构介绍如下。

1. 导航栏

第一个菜单固定为"ALL"展示所有商家，第二个菜单开始根据客户偏好个性化排序，导航菜单为二级或三级类目。

2. 优商新品楼层

商家门槛：第一周（3月2日至8日）为行业会场新品报名成功的商家；第二周到第四周（3月9日至31日）为行业会场新品报名成功且3月5日评定星等级为2星及2星以上的商家。

产品展示：从商家报名的新品中选取转化率最高的一款产品进行展示，若品量不足，平台将从商家店铺选取转化最高的同类目产品补足。

产品排序：根据客户偏好个性化排序展示5款产品，单击"View More"按钮可以跳转新页面，完整展示所有产品。

只有行业会场首页展示此楼层，汽摩配美国门店现货会场无此楼层。

3．海景房楼层

"海景房"属于行业会场产品或商家展示坑位类型，该类坑位处于页面靠前位置，同等条件下可获得更多的曝光机会。

商家门槛：行业会场新品报名成功的商家。

产品展示：从商家报名的新品中选取转化最高的两款产品进行展示，若品量不足，平台将从商家店铺中选取转化最高的同类目产品补足。

商家排序：根据实收 GMV（成交总额）降序排列，默认展示 8 个商家，实收 GMV 计算规则请参阅海景房说明，单击"View More"按钮跳转新页面，完整展示所有商家。

每个一级 Tab（标签层级）都展示此楼层，汽摩配美国门店现货会场无此楼层。

4．特色专区楼层

特定行业配置特色专区入口。

5．"猜你喜欢"楼层

商家门槛：行业会场新品报名成功的商家。

产品展示：会场所有商家店铺里产品成长分在 80 分以上的产品。

产品排序：根据客户偏好个性化排序，且无限加载，直到所有产品展示完毕。

二、九月采购节

九月采购节活动节奏如图 7-44 所示。

九月采购节涉及会场如图 7-45 所示。

九月采购节主会场如图 7-46 所示。

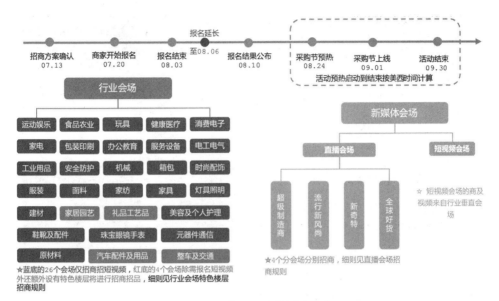

图 7-44 九月采购节活动节奏

会场名称		行业	会场名称		行业
中文	英文		中文	英文	
鞋靴及配件	Shoes & Accessories	Shoes & Accessories	运动娱乐	Sports & Entertainment	Sports & Entertainment
箱包	Luggage, Bags & Cases	Luggage, Bags & Cases	食品农业	Agriculture & Food	Food & Beverage,Agriculture
			玩具	Toys & Hobbies	Toys & Hobbies
珠宝眼镜手表	Timepieces, Jewelry, Eyewear	Timepieces, Jewelry, Eyewear	健康医疗	Health & Medical	Health & Medical
时尚配饰	Fashion Accessories	Fashion Accessories	消费电子	Consumer electronics	Consumer electronics
美容及个人护理	Beauty & Personal Care	Beauty & Personal Care	家电	Home appliance	Home appliance
服装	Apparel	Apparel	包装印刷	Packaging & Printing	Packaging & Printing
面料	Fabric & Textile Raw Material	Fabric&Textile Raw Material	办公教育	Office & School Supplies	Office & School Supplies
家纺	Home Textiles	Home Textiles	服务设备	Service Equipment	Service Equipment
家具	Furniture	Furniture	电工电气会场	Electrical Equipment & Supplies	Electrical Equipment & Supplies
汽车配件及用品	Automotive Parts & Accessories	Automotive Parts & Accessories	工业用品会场	Industrial supplies	Tools & Hardware,Fabrication Services
			安全防护会场	Security & Protection	Security & Protection
整车及交通	Vehicles & Transportation	Vehicles & Transportation	元器件通信会场	Electronic Components, Accessories & Telecommunications	Electronic Components , Accessories & Telecommunications
礼品工艺品	Gifts & Crafts	Gifts & Crafts	机械会场	Machinery	Machinery
灯具照明	Lights & Lighting	Lights & Lighting	原材料	Chemicals Minerals & Metallurgy Rubber & Plastics	Chemicals Minerals & Metallurgy Rubber & Plastics
建材	Construction & Real Estate	Construction & Real Estate			
家居园艺	Home &Garden	Home & Garden			

图 7-45 九月采购节涉及会场

图 7-46　九月采购节主会场

行业会场结构及规则—会场楼层说明如下。

1. 优品楼层

选用行业实力优品填充，PC 端一排 3 个展示，App 端一排 3 个展示，剩下 2 个位置的产品为千人千面展示，仅在 "ALL" 楼层下展示，无二级页面承接跳转；后两个位置的产品，圈品条件为实力优品 + 视频。

2. 海景房楼层（优选商家）

"ALL" 楼层下为大海景房，导航其余品类楼层下为小海景房，PC 端若有二级导航则只在第一个二级导航下展示，App 端在每个导航下都展示，单击 "View More" 按钮可以跳转到海景房专区。

商带品组件："一商带三品"，默认展示其中一个产品的主图视频。

大海景房展示 9 个，PC 端一排三商，App 端一排一商，若不满 9 个则留空；PC 端的前九的角标数字做凸显设计，App 端的商标数字替换为商家 Logo；

小海景房展示 9 个，PC 端一排三商，App 端一排一商，若不满 9 个则留空。

产品：默认从会场圈品规则透出的产品池中默认选取商家转化最高的 3 款产品进行关联；

PC/App 端都是单击"View More"按钮跳转二级页面，完整展示所有海景房商家的。

3.直播楼层

直播楼层只在"ALL"楼层的 Tab 下出现，其他 Tab 不展示。

PC 端 4 个放置一排，App 端 2 个放置一排，按会场行业偏好展示，按直播热度 + 场次排序进行优先级排序。

直播楼层组件透传字段为直播主题，直播类型标签和直播短语介绍。

在 PC 端单击"View More"按钮，在 App 端点击楼层标题箭头跳转至直播会场。直播会场如图 7-47 所示。

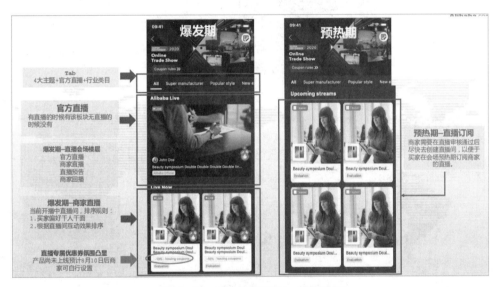

图 7-47　行业会场结构—直播会场

4.短视频楼层

短视频楼层只在"ALL"楼层的 Tab 下出现，其他 Tab 下不展示。短视频会场如图 7-48 所示。

PC 端 4 个放置一排，App 端两个放置一排，按会场行业偏好展示，点击跳转短视频会场。

短视频楼层组件透传字段为产品名称，短视频标签。

在 PC 端单击"View More"按钮，在 App 端点击楼层标题箭头可以跳转到短视频会场。

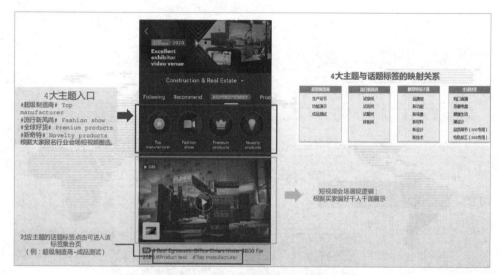

图 7-48　行业会场结构—短视频会场

5. 特色楼层

（1）7 个行业——属性圈品打造特色专区（如机械—售后服务，包印—3D 模型，家居—下游溯源等）；

（2）10 个行业——趋势新品圈品打造特色专区；

（3）22 个行业——RTS Tab 特色专区；

（4）楼层组件为小 Banner+3 款产品，单击"Banner"或"View More"按钮跳转承接页；

（5）楼层透品包含字段：产品名称 + 价格 +MOQ+ 标签等选择透出。

6. 猜你喜欢

（1）纯品组件，产品信息（标题 + 价格 +MOQ）；

（2）产品池各行业设定圈品规则选出产品，通过组货出货配置，每日更新；

（3）产品全部个性化排序，千人千面；

（4）PC 端一排 5 个展示，App 端一排 2 个展示，下拉无限加载。

三、日常市场活动

（一）专场活动

除了三月新贸节和九月采购节，阿里巴巴国际站会根据不同行业、不同区域、不同商家组织专场活动。行业活动报名入口如图 7-49 所示。

图 7-49　行业活动报名入口

（二）日常活动

"Top-ranking products"页面对 RTS 产品—全球批分产品开放，且基于近 90 天的买家评价、订单数、产品点击量等综合因素进行排名。RTS 市场活动榜单如图 7-50 所示。

图 7-50　RTS 市场活动榜单

　　"Top-ranking suppliers"商家榜单无须报名，系统按规则自动圈选和排序，一共有6种类型的榜单，包括交易排行榜、复购排行榜、认证综合榜、研发能力综合榜、主要出口国榜、及时发货率榜。

　　订制品市场活动榜单如图7-51所示。

图7-51　订制品市场活动榜单

　　"New Arrivals"活动页面为千人千面，以产品的发布时间、视频、产品成长分，以及产品覆盖的行业关键词和产品属性是否以时下新卖点（这一点最重要）为基础。"New Arrivals"活动页面如图7-52所示。

图7-52　"New Arrivals"活动页面

　　在"Weekly Deals"活动中，产品展示是根据产品最近7天支付的买家数排序的。另外，在"Week Deals"活动会场，除了"All Catagories"页面是千人千面，其他的具体类目场景下产品的展示都是真实的，不是千人千面。"Weekly Deals"活动页面如图7-53所示。

图 7-53　"Weekly Deals"活动页面

　　"Global Original Sources"为源头好货场景，无须报名，系统根据规则自动圈选，每个产地主题的排序规则为根据买家偏好千人千面展示。"Global Original Sources"活动页面如图 7-54 所示。

图 7-54　"Global Original Sources"活动页面

🎯 项目小结

　　本项目介绍了阿里巴巴国际站产品推广与活动营销的相关方法，包括顶级展位、橱窗、店铺自主营销和平台活动。通过学习，使学生知道顶级展位和橱窗的功能，了解店铺自主营销的方式及阿里巴巴国际站平台活动规则及会场结构，能够进行顶级展位的竞价操作，能够开通并设置橱窗，掌握访客营销、粉丝通营销、客户通营销和优惠券设置的操作步骤。

参考文献

[1] 王健. 跨境电子商务. 机械工业出版社，2020.1.

[2] 周任慧. 跨境电子商务实务. 化学工业出版社，2019.3.

[3] 梁贺君. 跨境电子商务营销宝典. 浙江科学技术出版社，2017.11.

[4] 林立伟，魏石勇，朱美虹，梅沁芳. 跨境电商营销. 中国水利水电出版社出版，2021.3.

[5] 陈道志. 跨境电商营销推广. 电子工业出版社，2019.4.

索　引

索引使用说明

0 ~ 9

3+1 升级计划　23

3 星及 3 星以上关键词修改价格（图）　178

3 星以下关键词修改价格（图）　178

A ~ Z（英文）

ABOUT US 页面（图）　125

Ad　103

Ad Audiences　105

Ad Campaign Structure　103

Ad Objectives　104

Ad Placement　105

Ad Preview and Edit　105

Ad Set　103、107

　　Ad 创建（图）　107

Ad Set Bidding & Budgeting　105

Aliexpress　13

Amazon　5

Answer the Public（图）　52

　　首页（图）　52

　　搜索结果页（图）　52

App 端顶级展位（图）　197、199

　　回眸再营销（图）　199

　　样式（图）　197

App 端粉丝通内容发布流程（图）　215

App 广告　99

B2C 电子商务指数　8

Best Buy　5

Boleto Banc á rio　20

Call-to-Action 按钮 / 链接　154

Campaign　103、106

　　创建（图）　106

Display　59

DW 制作邮件内容（图）　151

eBay　5

EDM　133

Etsy　5

Facebook　96、97、102（图）、117

　　PC 客户端及广告版位 RHS（图）　102

　　排名（图）　97

　　移动端广告版位（图）　102

　　中国卖家　117

Facebook 官方主页　112、117（图）

　　日常维护　112

Facebook 广告　96、101

　　版位　101

　　特点　96

Facebook 广告投放　101、106

　　操作流程　106

Fordeal　24

Global Original Sources 活动页面（图）　239

Google Ads　56、59 ~ 62、69、75、76

　　工作原理　60

广告类型　59

广告系列　75、76

广告账户结构　62

预算　62

在线营销　59

账户结构　62、62（图）

Google Correlate（图）　40、41

首页（图）　40

搜索结果页（图）　41

Home Depot　5

Html 邮件　148 ~ 150

案例　148、149（图）

框架（图）　150

优势　148

Html 邮件制作　141、148、152

方法　148

工具　141

注意事项　152

Ikea　5

Instagram　97

KWFinder　41、42

首页（图）　41

搜索结果页（图）　42

Lazada　22

LightIntheBox 的 Facebook 官方主页（图）　117

Lowe's　6

Macy's　6

mailpanda 首页（图）　142

New Arrivals 活动页面（图）　238

New Egg　6

Nike　5

Nordstrom　6

Ozon　14

P4P　163

Payfort　25

PC 端　166、167、197、199

顶级展位回眸再营销（图）　199

顶展样式（图）　197

直通车产品展示规则（图）　167

Pinterest　98

RTS 市场活动榜单（图）　237

Search　59

SEM　32

SendCloud（图）　143

SEO　29

Shopee　22

Shopping　59

Steam　5

Targer　5

TBdress 的 Facebook 官方主页（图）　117

Twitter　97

Universal App　60

Video　60

VK　98、99

Logo（图）　99

平台营销方式　99

Walmart　5

WEBPOWER（图）　143

Weekly Deals 活动页面（图）　239

YouTube　98

A ~ B

阿里巴巴国际站直通车推广　162

案例　122

巴西电子商务市场　15

巴西买家需求　18

百思买　5

包含退订链接　159

爆品助推　191

备用广告　75

避免使用比较官方或明显群发词汇　129

编辑日历　50

编辑完成在推主页（图）　113

标题　66、127、153

　　模板　153

　　写作基本原则　127

　　撰写小技巧　153

标准化　223

别名关键词　38

C

猜你喜欢　236

采购节报名节奏及会场设置（图）　230

采购邮件　137、137（图）

参考文献　240

测品测款　191

产品　118、126、170、194

　　发布类目有误（图）　170

　　分享帖（图）　118

　　类别结构　126

　　首页（图）　126

　　推广　194

产品词　37

常规营销　183

长短分类法　36

长尾关键词　36、43 ~ 45、51

确定　51

长尾理论　44

长尾示意（图）　45

潮流时尚帖（图）　118

称呼　128

出价　105、202（图）

　　方式　105

　　提交界面（图）　202

橱窗　204 ~ 207

　　产品效果（图）　206

　　概念　204

　　价值定位　204

　　开通及设置　205、206（图）

　　卖点设置（图）　207

　　设置　204

　　升级　205

　　优势　204

橱窗效果（图）　205、207

　　查看（图）　207

创建帖子页面（图）　114

创意新奇帖（图）　118

次要关键词　43、44

促销邮件　139、140（图）

错失时刻　65

错误类目（图）　170

D

打开率　159

大买家鼓励法　127

大众式开发信　122

导航类关键词　37

底部搜索区产品（图）　168

地域溢价　188、189（图）

　　规则　188

点击率　160

点名到姓法　127

店铺自主营销　208

电子商务市场　1

调查分析客户　125

顶级展位　196 ～ 201

　　包年购买　199

　　概念　196

　　购买　199

　　回眸再营销功能　198

　　价值　196

　　衍生功能　198

　　样式　196

　　预订协议签订（图）　201

　　智能词包　198

顶级展位竞价　200

　　流程　200

　　页面（图）　200

定向推广　183、184

　　操作流程　184、184（图）

定向推广优势　184

　　人群营销　184

　　推广运营　184

　　营销操作　184

　　预算管理　184

定制目标　49

订制品市场活动榜单（图）　238

东南亚电子商务市场　21

东南亚买家需求　21

短尾关键词　36

多平台认知　95

E ~ F

俄罗斯电子商务市场　14

俄罗斯买家需求　17

二级扩流　198

二维码及内容链接（图）　216

发帖形式　115

发现新关键字（图）　91

泛关键词　38

范文　130、131

访客营销　208 ～ 210、217

　　路径　209

　　相关联步骤（图）　217

　　效果数据（图）　210

　　样式　209、210（图）

　　页面（图）　209

分类法　38

分析并重新评估　50

粉丝互动与其他　116

粉丝批量交换名片　226

粉丝通　211 ～ 214、219

　　内容发布页面（图）　214

　　内容营销逻辑（图）　211

　　效果（图）　219

　　页面（图）　213

　　营销　211

　　展示位置（图）　212

粉丝通优质内容发布　213 ～ 215

　　App 端内容发布　215

　　PC 端发布路径　213

粉丝营销　100

服务词 37

辅助关键词 36

付费 VK 广告形式 99

付费邮件营销平台 142

附加链接 64、89

　　添加（图） 89

附加潜在客户表单 72

　　使用条件 72

附加信息 64、88 ~ 90

　　创建 88

　　添加（图） 90

G

感谢邮件 137、138（图）

高潜扶沟 / 流失预警 222

高潜复购 222

个性化内容 158

供应商关键词竞价情况（图） 171

公海客户 221

工具与设置按钮（图） 90

购物广告 59

谷歌搜索 53、56

　　结果页（图） 53

　　引擎营销 56

谷歌熊猫算法 48

谷歌在线广告投放操作 82

关键词 35、38、40、43、60、69、155、
169、173

　　布局要点 43

　　插入功能 69

　　分类 35

　　技巧 155

匹配 60

添加 173

选择重要因素 38

研究工具 40

与产品匹配情况（图） 169

作用 35

关键词出价 177、178

　　技巧 178

　　修改 177、178（图）

关键词分布 42

　　方法 42

　　原则 42

关键词分组 43、176、177

　　方法 177

关键字 90 ~ 92

　　查找和添加 90

　　选择并使用（图） 92

关键字规划师 90、90（图）

官方主页维护 112

　　目的 112

　　意义 112

管理竞价 202

广　告 61、64 ~ 66、86、88、104、105、
109、110

　　创意及文案设定（图） 110

　　付费 61

　　附加信息制作（图） 88

　　目标 104、104（图）

　　内容描述 66

　　位置 105

　　效果 64、65

　　预览与编辑 105

展示方式　64

制作　66、86（图）

转化设定（图）　109

广告层级　103

功能（图）　103

情况（图）　103

与其他设定　103

广告评级　61、65

因素　61

广告受众　105、108

设定（图）　108

广告投放　106、111、112

参考维度　111

操作　106

产品　111

构建规则　112

国家　111

类目　111

命名规则　112

目的　111

年龄层　111

形式　111

着陆页　111

广告系列　66、74、83、103

创建　83

结构　103

类型选择（图）　83

新建（图）　83

广告效力　71、80

提升问题及其解决办法　71

广告组　83

国际站市场活动　229

H

海量策略　183

行业会场结构（图）　235、236

短视频会场（图）　236

直播会场（图）　235

行业会场结构及规则　234～236

ALL 楼层　234

产品　234

大海景房　234

短视频楼层　235

海景房楼层　234

商带品组件　234

特色楼层　236

小海景房　234

优品楼层　234

优选商家　234

直播楼层　235

行业活动报名入口（图）　237

好标题写作　127

吸引眼球　127

用词精简　127

主题明确　127

核心关键词　3、39、42

选择　38

核心关键词选择步骤　39～42

关键词初步筛选　41

关键词列表制定　39

核心关键词确定　42

互动营销　100

欢迎邮件　136、136（图）

活动响应　105

活动营销　194

活跃贴 116、116（图）

货品营销 190、190（图）

J

基础报告（图） 180

即时 97

计划 186、192、193

　　基本信息设置 186、186（图）

　　列表页 192

　　详情页 192、193（图）

计算点击率步骤 160

加大型文字广告 66～68

家得宝 5

价值观营销 101

交易类关键词 37

教育性邮件 141、141（图）

结构化摘要 65

金字塔形结构分布 42

精准策略 183

竞价 183、203

　　策略 183

　　管理（图） 203

　　状态 203

竞价词管理（图） 202

九月采购节 232～234

　　活动节奏（图） 233

　　涉及会场（图） 233

　　主会场（图） 234

K

开发信 122、124、130～132、152

范文 130、131

概念 122

签名 131

邮件打开率高的标题和关键词 152

正文一般结构 130

撰写禁忌 132

撰写流程 124

撰写要点 131

撰写准备工作 124

开发信正文写作7C原则 129、130

简洁 129

具体 129

礼貌 129

清晰 129

体谅 129

完整 130

正确 129

开发信撰写要点 131、132

段落清晰 132

合作愿望表达 132

换位思考 132

开门见山 131

有礼有节 132

语言简单 132

可视性内容 51

客户 50、138、139、222、223

反馈邮件 138、139（图）

分析 223

画像构成因素 50

识别 222

客户分层 223、224

范例 224

管理 223

客户跟进 224、225

　　管理（图） 224

　　信息查看（图） 225

　　小记（图） 224

客户通 220～223

　　诞生背景（图） 220

　　公海页面（图） 221

　　核心场景（图） 220

　　价值和运用 223

　　客户列表（图） 222

　　使用场景（图） 221

　　添加 222

　　营销 220

客户通邮件营销 225

　　操作页面（图） 225

客群分析 223

口碑营销 100

扣费规则 170

跨境电子商务 2、56、95

跨境物流 23

快拍样例（图） 116

快速引流 190

扩流功能 198

扩流逻辑及公式 198

L

劳氏 6

冷门关键词 36

连续推销机会 133

链接并发布填写（图） 110

零售电子商务市场总览（图） 2

领取优惠 105

流量报告（图） 180

流失预警 222

留白应用实例（图） 158

M

买家端 App 165

　　直通车产品展示（图） 165

买家引流 191

美国电子商务 4～6

　　买家需求 6

　　市场 4

　　支付方式 5

美国人常用网购平台排行 5

美国式开发信 122

免费营销方式 99

免费邮箱 142

名人效应营销 101

明确称谓 128

目标地理位置输入语言选择（图） 85

目标受众调研 49

N

内容 46～51、100、216

　　策略 46

　　类型确定 51

　　链接分享 216

　　营销 100

　　制作 49、51

内部优化基础操作 30、31

　　内容更新 31

网站 URL 路径规范 30
网站代码优化 30
网站结构合理设计及策划 30
元数据优化 30
内容建设原则 46、47
实时性 47
适用性 46
相关性 46
原创性 46
内容质量衡量标准 47～49
合理数量内链 49
可信外链 49
网页打开速度 47
吸引人的标题 47
元描述 48
能力目标 3、28、55、94、121、163、195
诺德斯特隆 6

O～P

欧洲电子商务市场 8
欧洲买家需求 11
欧洲式开发信 122
排名规则 168
公式 168
排帖 114
方式 114
批量添加 175
关键词（图） 175
品类词 37
品牌词 37
屏蔽词设置 189、190（图）

Q～R

企业与客户间的桥梁 60
情感营销 100
趋势明星 191
全球速卖通 13、15
全球主要国家和地区电子商务市场 1
热度分类法 36
热门关键词 36
人群词 37
人群溢价 188、189（图）
规则 188
人群引流优选 191
任务分解 3、28、55、94、121、163、195
认证吸引法 127
日常活动 237
日常市场活动 237

S

撒网式开发信 122
三看 180
三月新贸节 229～231
报名入口（图） 230
主会场（图） 231
月新贸节会场结构 231、232
猜你喜欢楼层 232
产品排序 231
产品展示 231
导航栏 231
海景房楼层 232
商家门槛 231
特色专区楼层 232

优商新品楼层 231

社交媒体营销 93～95、100、117

　　案例 117

　　内容和互动 100

　　认知 95

社交网站 98～101

　　老客户二次营销推广 101

　　新客户开发策略 100

时间选择 115、115（图）

事件营销 100

视频 60、98、99

　　广告 60、99

　　网站 98

适当留白技巧 157

手机 70

输入与业务或产品相关的关键字（图） 91

数据 192

　　报告 192

　　中心 192

四不四少 132

搜索广告 59、64

　　创建要求及类型 64

　　系列策略 64

搜索目的分类法 37

搜索热度（图） 177

搜索引擎 28、33、46

　　结果页（图） 33

　　权重算法 46

搜索引擎工作原理 29、30

　　处理网页 29

　　从互联网上抓取网页 29

　　建立索引数据库 29

提供检索服务 30

搜索引擎营销 32、34、54、56

　　优劣势（表） 34

搜索引擎营销广告 56～58

　　常见认知误区 57

　　投放益处 58

　　展示位置（图） 58

搜索引擎优化 27～30、32、49、53

　　工作内容 30

　　内容策略 49

　　与搜索引擎营销关系 32

搜索引擎优化重要性 31、32

　　低投入高性价比 32

　　扩展性强 32

　　流量质量高 32

　　网站易用性提高 32

　　稳定性强 32

T

弹回率 159

特低价吸引中小买家法 127

提醒邮件 140

贴片广告 99

贴文广告 99

同一 Ad 仅更新产品后的 Ad Set（图） 104

投放设置（图） 187

推广管理 172、173、185

　　产品设置 172、173（图）

　　计划新建（图） 185

　　页面（图） 173

推广评分 168、169

　　后台展示（图） 168

示例（图）　169

　　优化　168

推广限额　172、172（图）

　　设置　172、172（图）

推特　97

W

外部优化基础操作　31

外贸开发信　121、122

　　分类方式　122

完美营销渠道　134

网站　104、105、126

　　产品首页　126、126（图）

　　点击量　104

　　转化　105

网址　66

为计划添加推广产品（图）　187

位置技巧　156

未编辑主页（图）　113

未弹回率　159

文字广告　66、68、85、87

　　添加（图）　87

　　制作　85

　　撰写　68

问答关键词　38

沃尔玛　5

无线 Web 端　166

无线 Web 端直通车产品展示（图）　166

　　规则（图）　166

X

吸粉工具　216

吸引眼球方式　127

系统推荐　174、174（图）

显示路径（图）　86

显示位置选择（图）　109

相关搜索　174、175（图）

向你购物需求子设置（图）　114

项目　1、3、26～28、53～55、92～94、
119～121、161～163、193～195、239

　　概述　3、28、55、94、121、163、195

　　小结　26、53、92、119、161、193、239

新建关键词分组（图）　176

新买家引流　192

新品成长　191

新兴电子商务市场　14～17

　　买家需求　17

信息资讯类关键词　37

星级优化　179

行动号召　156

行动号召/呼吁采取行动　154

修改名称（图）　176

宣传信息　65

学习目标　3、28、55、94、121、163、195

询盘＋关注　217、217（图）

Y

亚马逊　5

延时竞价　203、203（图）

　　案例　203

颜色技巧　154

一般关键词 36

一查 181

一级扩流 198

一个关键词出现在多个分组当中（图） 177

宜家 5

移动广告 70

溢价设置（图） 188

营销 95、185、187、218、219

    模板及操作流程（图） 218、219

    渠道 95

    受众设置 187

    中心（图） 185

应用安装 105

应用参与度 105

应用实例（图） 155、156

应用推广广告 60

用户合集 34

用户搜索词与实际展示广告（图） 69

优化 170、179

    方法 170

    工具（图） 179

优惠券 226 ~ 228

    创建（图） 228

    规则 226

    核销规则 227

优惠券设置 227、228

    规则 227

优品检测页面（图） 201

优质开发信特点 124

    当地语种 124

    关注重点出现 124

    简洁 124

幽默搞笑帖（图） 119

邮件 142、150、151、161

    地址管理 161

    发送工具 142

    模板（图） 150

    下载模板（图） 151

邮件内容 148、161

    A/B 测试 161

    类型 148

邮 件 营 销 120、121、133、136、141、142、148、159、160、218、225

    操作页面（图） 225

    定义 133

    分类 136

    工具 141

    模板 218

    内容设计 148

    软件首页（图） 142

    效果跟踪及分析 159

    应用 141

    优势 133

    原则 160

    注意事项 160

邮件营销步骤 143 ~ 152、225

    打造有吸引力邮件内容 147

    确定营销目标 143

    确认发送频率 147

    收集邮件列表 144

    选择发送时间 147

    撰写强有力邮件标题 152

邮件营销特点 135

    操作简单 135

成本低廉　135

反馈率高　135

范围广　135

效率高　135

应用范围广　135

针对性强　135

预览窗口区域（图）　157

预算　65、85、108

设定（图）　108

设置（图）　85

元描述（图）　48

Z

在线网购率　10

在线营销方式　63

在线邮件模板编辑器（图）　152

赠送配件法　128

查看低星级原因　169

展会客户　123

展示广告　59

站内营销　211、226

步骤　226

页面（图）　211

正确类目（图）　170

正文　129

知识目标　3、28、55、94、121、163、195

直通车　163 ~ 171、179 ~ 183

曝光、高点击少案例（图）　182

产品排名　168

方案设计与推广　171

分析方法　180

流量逻辑（图）　164

数据与账户　179

相关规则　165

优化建议　183

展示规则　165

智能推广　183

直通车推广　171、181

时间短案例（图）　181

主要流程（图）　171

直通车推广后会遇到的问题及解决办法　181、182

曝光高　181

点击高　182

点击少　181

推广时间　181

询盘少　182

直通车优势　164、165

精准推广　165

流量大　164

排名靠前　164

全面覆盖流量　164

展示免费　164

智能广告系列　63、73 ~ 77

代劳　63

与搜索广告系列深入比较（图）　77

主要功能（表）　73

组成部分（表）　74

智能圈客　211、226

页面（图）　211

质量策略　183

中东电子商务市场　23

中东买家需求　23

中国产品　4

中国跨境电子商务进出口贸易　15

主副分类法　36

主搜区产品（图）　167

主要关键词　36

主页　110、113

　　按钮添加（图）　113

　　选择（图）　110

专场活动　237

专业人员帮助管理账户　63

专业式开发信　122

专页帖子参与度　105

专页赞　105

转化率　160

转化选择（图）　107

自建邮件服务器　142

自然搜索结果　56

自适应搜索广告　77～79、87

　　创建　87

　　特点　78

添加（图）　87

优势　78

最佳做法　79

自适应搜索广告插入地理位置　81、82

　　功能　81

　　工作原理　82

　　优势　81

自适应搜索广告反面　81

　　示例　81

　　示例（图）　81

自适应搜索广告正面　80

　　示例　80

　　示例（图）　80

自适应搜索广告制作　79

　　要求　78

自主打理　63

最佳做法（图）　70

最终到达网址添加（图）　88

（王彦祥、张若舒　编制）